मेकॅनिक एग्रीकल्चेर मशिनरी MAM द्वितीय वर्ष हिंन्दी MCQ

मनोज डोळे

डिजिटाइजेशन समय की मांग है। भविष्य में, प्रशिक्षण को अधिक सुविधाजनक और आसान बनाने के लिए ऑनलाइन इंटरनेट का उपयोग करके औद्योगिक प्रशिक्षण संस्थानों में प्रशिक्षण आयोजित करने की आवश्यकता होगी। एमसीक्यू प्रश्नों के एक सेट वाली ई-पुस्तकें प्रशिक्षुओं को उपलब्ध कराई जाएंगी क्योंकि उन्हें अपने औद्योगिक प्रशिक्षण संस्थानों में होने वाली ऑनलाइन परीक्षाओं की तैयारी के लिए बहुविकल्पीय प्रश्नों एमसीक्यू के अधिक आदी होने की आवश्यकता है।

इन सब बातों को ध्यान में रखते हुए औद्योगिक प्रशिक्षण संस्थान सतारा के प्रशिक्षक श्री मनोज मधुकर डोले ने नई वार्षिक प्रणाली और एनएसक्यूएफ-5 पाठ्यक्रम के अनुसार पुस्तकें लिखी हैं। और उन्होंने प्रशिक्षण को आसान बनाने के लिए सैद्धांतिक मोबाइल ऐप और ब्लॉग बनाए हैं, और इन सभी शैक्षिक सामग्री को विश्व प्रसिद्ध वेबसाइटों Google Play Store, Amazon और Apple Book Store पर डाउनलोड के लिए उपलब्ध कराया है।

पुस्तकों का प्रकाशन माननीय सहसंचालक श्री राजेंद्र घुमे साहेब प्रादेशिक व्यावसायिक शिक्षण व प्रशिक्षण कार्यालय, पुणे द्वारा दिनांक 9/1/2019 को किया गया, इस समय श्री प्रकाश सहगवकर साहब प्राचार्य शासकीय औद्योगिक प्रशिक्षण संस्थान औंध पुणे, श्री तुकाराम मिसाल साहेब प्राचार्य सरकार प्र. संस्था सतारा, श्री सचिन धूमल साहब जिला व्यावसायिक शिक्षा एवं प्रशिक्षण अधिकारी सतारा, श्री यतिन परगांवकर साहब प्राचार्य शासन. Q. संस्था कोल्हापुर, श्री विकास टेक साहब इंस्पेक्टर वोकेशनल एजुकेशन एंड ट्रेनिंग रीजनल ऑफिस पुणे, पालेकर फूड्स प्रोडक्ट्स प्रा. लि. सतारा के उद्यमी अध्यक्ष श्री नीलकंठराव पालेकर साहब, हीरा फूड्स के अध्यक्ष श्री इब्राहिम बाबा तंबोली साहब, श्रीमती शाल्मली पवार मुख्याध्यापिका शासकीय तकनीकी विद्यालय केंद्र सतारा सहित अन्य गणमान्य व्यक्ति इस अवसर पर उपस्थित थे।

क्रम-सूची

प्रस्तावना

मेकॅनिक एग्रीकल्चेर मशिनरी MAM द्वितीय वर्ष हिंन्दी MCQ आईटीआई इंजीनियरिंग कोर्स मैकेनिक कृषि मशीनरी, संशोधित एनएसक्यूएफ पाठ्यक्रम के लिए एक सरल ई-बुक है, इसमें रेखांकित और बोल्ड सही उत्तरों के साथ वस्तुनिष्ठ प्रश्न शामिल हैं, जिसमें मोल्ड बोर्ड हल के बारे में नवीनतम और महत्वपूर्ण सभी विषयों को शामिल किया गया है। डिस्क हल। जुताई और उसके उपकरण। जुताई और उसके कार्यान्वयन प्रणाली की रिकॉर्ड जानकारी। छेनी का हल। रोटावेटर। रोटावेटर ऑपरेशन। डिस्क हैरो (ऑफ सेट टाइप/ डबल एक्शन और सिंगल एक्शन।)। पावर हैरो। हैरो संचालन। किसान। किसान प्रणाली। मिट्टी बनाने के उपकरण। लेज़र लेवलर, ट्रेंचर और पोस्ट होल डिगर। मिट्टी की खेती के उपकरण। बीज ड्रिल का निराकरण और संयोजन .. बीज ड्रिल। प्लांटर्स उर्वरक आवेदक। विलेय प्रकार केन्द्रापसारक पम्प। सबमर्सिबल पंप की सर्विसिंग। सिंचाई वाल्व और हाइड्रेंट की सर्विसिंग। पावर टिलर/पावर वीडर की सर्विसिंग। खेतिहर। पावर टिलर/पावर वीडर। अनाज प्रबंधन बीज उपचार और सुखाने और एसी मोटरों के प्रमुख घटकों और संयोजनों की कार्यक्षमता की जांच करें। एसी मोटर्स। स्प्रेयर और डस्टर। स्प्रेयर और डस्टर। रीपर, रीपर वाइन्डर, स्ट्रॉ-रीपर। रीपर, रीपर वाइन्डर, स्ट्रॉ-रीपर। थ्रेशर, मक्का विक्रेता, मूंगफली का धुलाई करने वाला। थ्रेशर, मक्का विक्रेता, मूंगफली का धुलाई करने वाला। कंबाइन हार्वेस्टर- कटर बार असेंबली, फीडर यूनिट, थ्रेशिंग यूनिट, सेपरेटिंग यूनिट। घास काटने की मशीन, फोल्डर हार्वेस्टर, पावर चैफ / साइलेज कटर। घास काटने की मशीन, फोल्डर हार्वेस्टर, पावर चैफ / साइलेज कटर। रोटरी हारवेस्टर, घास बेलर। मूंगफली खोदने वाला, आलू/प्याज खोदने वाला। मूंगफली खोदने वाला, घास काटने वाला, आलू/प्याज खोदने वाला। विजेता, क्लीनर और ग्रेडर की सर्विसिंग। विजेता, क्लीनर और ग्रेडर। राइस हूलर, पालिशर, फीड ग्राइंडर-कम-मिक्सर, हैमर मिल की सर्विसिंग। राइस हूलर, पालिशर, फीड ग्राइंडर-कम-मिक्सर, हैमर मिल। अनाज प्रबंधन बीज उपचार और सुखाने के उपकरण और बहुत कुछ।

हम प्रत्येक नए संस्करण के साथ नए प्रश्न उत्तर जोड़ते हैं। किसी भी त्रुटि/चूक के मामले में कृपया हमें ईमेल करें। यह यकीनन सभी इंजीनियरिंग बहुविकल्पीय प्रश्नों और उत्तरों के लिए सबसे बड़ी और सर्वश्रेष्ठ ई-बुक है।

एक छात्र के रूप में आप इसे अपनी परीक्षा की तैयारी के लिए उपयोग कर सकते हैं। यह ई-पुस्तक प्रोफेसरों के लिए सामग्री को ताज़ा करने के लिए भी उपयोगी है।

भूमिका

डीजीईटी नई दिल्ली और सीएसटीएआरआई कोलकाता अगस्त 2018 सत्र से आईटीआई में सभी व्यवसायों के लिए एक वार्षिक पैटर्न लागू कर रहे हैं। परीक्षा प्रणाली में भी बदलाव किया जाएगा और यह इस साल से ऑनलाइन हो जाएगी और चूंकि सभी प्रश्न वस्तुनिष्ठ प्रकार (एमसीक्यू) के हैं, इसलिए प्रशिक्षुओं को गहन अध्ययन की सख्त जरूरत है। इसे ध्यान में रखते हुए हमें पुराने NIMI पैटर्न पर आधारित पुस्तकें और नए वार्षिक पैटर्न का संपूर्ण अवलोकन प्रस्तुत करते हुए प्रसन्नता हो रही है, और हम आशा करते हैं कि ये पुस्तकें सभी व्यावसायिक निदेशकों और प्रशिक्षुओं के लिए एक मार्गदर्शक होंगी। है।

इन पुस्तकों को लिखने के लिए आईटीआई अकलुज के प्राचार्य जोहर अवाटे साहब ने कहा। आईटीआई सतारा सहगवकर साहब के पूर्व प्राचार्य, सहायक निदेशक श्री चंद्रकांत ढेकने साहेब क्षेत्रीय व्यावसायिक शिक्षा एवं प्रशिक्षण कार्यालय, पुणे, जिला व्यावसायिक शिक्षा एवं प्रशिक्षण अधिकारी सचिन धूमल साहेब एवं प्रधानाध्यापक शासकीय तकनीकी विद्यालय केन्द्र शाल्मली पवार मैडम एवं पुत्र अधिराज डोले, माता कुसुम डोले , मैं अपने पिता मधुकर डोले और पत्नी अश्विनी डोले को समय-समय पर उनके विशेष मार्गदर्शन और सहयोग के लिए बहुत आभारी हूं।

साथ ही, बहुत ही कम समय में श्री राजेन्द्र घुमे साहेब, संयुक्त निदेशक, व्यावसायिक शिक्षा और प्रशिक्षण क्षेत्रीय कार्यालय, पुणे द्वारा पुस्तक के प्रकाशन में उनके अमूल्य समय के लिए पुस्तक की समीक्षा की गई। मैं उनकी प्रतिक्रिया के लिए हृदय से आभारी हूँ।

पुस्तक लिखने की शुरुआत से ही निरंतर समर्थन के लिए मैं आईटीआई सतारा के प्रशिक्षक का आभारी हूं।

इस पुस्तक से, मैं खुद को धन्य मानता हूं कि मैंने आपके साथ ई-लर्निंग पर अपने विचार साझा किए। मैं यह दावा नहीं करूंगा कि यह पुस्तक पूर्ण है, क्योंकि पूर्णता को देखते हुए यह पुस्तक एक प्रयास है और अपनी शैशवावस्था में है। यदि उनका परीक्षण और सुझाव दिया जाए तो वे सुधार के लिए मूल्यवान होंगे।

मनोज डोले

दिनांक 9/1/2019

पावती (स्वीकृति)

21वीं सदी में औद्योगिक क्षेत्र में तेजी से बढ़ती मांग के अनुरूप बहु-कुशल कारीगरों की आपूर्ति के लिए व्यावसायिक शिक्षा और प्रशिक्षण विभाग के माध्यम से व्यावसायिक शिक्षा और प्रशिक्षण विभाग के माध्यम से व्यावसायिक शिक्षा और प्रशिक्षण प्रदान किया जाता है। संस्थानों के भीतर सभी व्यवसाय महत्वपूर्ण हैं, क्योंकि इन व्यवसायों के प्रशिक्षु उद्योग की मांगों के अनुसार बहु-कौशल विकसित करते हैं।

सभी व्यवसायों के लिए उपयुक्त एमसीक्यू ई-पुस्तकें उपलब्ध कराने के नेक इरादे से, यह देखते हुए कि औद्योगिक क्षेत्र के सभी उद्योगों में सभी परीक्षाएं ऑनलाइन आयोजित की जाती हैं और इसमें एमसीक्यू पद्धति के प्रश्न शामिल होते हैं। श्री मनोज मधुकर डोले ने नए वार्षिक पाठ्यक्रम के अनुसार एमसीक्यू पद्धति पर एक बहुत अच्छी ई-बुक लिखी है। यह ई-पुस्तक निश्चित रूप से सभी प्रशिक्षुओं, प्रशिक्षु उम्मीदवारों, प्रशिक्षण प्रशिक्षकों और अन्य संबंधितों के लिए एक मार्गदर्शक होगी।

पुस्तक के लेखक श्री मनोज मधुकर डोले, इंस्ट्रक्टर गॉव आईटीआई सतारा को 17 साल का प्रशिक्षण अनुभव है। एक नए वार्षिक पैटर्न के रूप में लिखी गई, यह ई-बुक प्रत्येक विषय के लिए लेआउट, सरल भाषा और सरल सिंटैक्स, आरेख और वीडियो को समझने के लिए आधुनिक डिजिटल क्यूआर कोड तकनीक को शामिल करती है। इसलिए मुझे विश्वास है कि यह ई-पुस्तक निश्चित रूप से गहन अध्ययन और परीक्षा अभ्यास के लिए उपयोगी होगी। उन्होंने जो कार्य किया है वह निश्चित रूप से काबिले तारीफ है।

श्री तुकाराम मिसाल
प्राचार्य शासकीय औद्योगिक प्रशिक्षण संस्था सातारा.

आमुख

हमारे औद्योगिक प्रशिक्षण संस्थानों की औद्योगिक प्रशिक्षण और सैद्धांतिक परीक्षा प्रणाली और इन परिवर्तनों को शिल्प प्रशिक्षकों और प्रशिक्षुओं द्वारा स्वीकार किया गया है। आपके औद्योगिक प्रशिक्षण संस्थानों में आयोजित सैद्धांतिक परीक्षाएं भी ऑनलाइन आयोजित की जाती हैं। चूंकि ये परीक्षाएं बहुविकल्पीय एमसीक्यू पद्धति की हैं, इसलिए प्रशिक्षुओं को ऐसे प्रश्नों का अधिक अभ्यास करने की आवश्यकता होगी।

इन सब बातों को ध्यान में रखते हुए श्री मनोज मधुकर, निदेशक, डोले क्राफ्ट्स, कटारी औद्योगिक प्रशिक्षण संस्थान, सतारा, ने नई वार्षिक प्रणाली और NSQF-5 के अनुसार, गहन अध्ययन किया है और अपनी मेहनत से और अपनी गहरी बुद्धि को जोड़ा है। पाठ्यक्रम, कटारी और अन्य मशीन ट्रेडों की ई-बुक। -बुक) और उन्होंने प्रशिक्षण को आसान बनाने के लिए सैद्धांतिक विषयों पर मोबाइल ऐप और ब्लॉग बनाए हैं और इन सभी शैक्षिक सामग्री को विश्व प्रसिद्ध वेबसाइटों Google Play Store, Amazon और Apple Book Store पर डाउनलोड के लिए उपलब्ध कराया है। प्रिंट संस्करण बनाकर और क्यूआर कोड जैसी उन्नत तकनीकों का उपयोग करके प्रशिक्षण को आसान बना दिया गया है।

ये सभी शैक्षिक सामग्री निश्चित रूप से सभी प्रशिक्षुओं के लिए गहन अध्ययन के लिए और शिल्प प्रशिक्षकों और अन्य संबंधितों के लिए एक मार्गदर्शक होगी जो व्यावसायिक प्रशिक्षण प्रदान कर रहे हैं।

1

मेकॅनिक एग्रीकल्चेर मशिनरी MAM द्वितीय वर्ष QR Code Images

Download App
Online Test Exam
ITI Books
AutoCAD CAM
JOB & Apprentice
Online Theory
Computer Course
Trading Course
CNC Course
MSCIT Course
Shopping Business
Internet Business
Web Designing
Online Services
Top Sportsmans
Indian Army
Freedom Fighters
Top Scientists
Social Reformers
Motivational Speaker
Top Richest People
Join WhatsApp Group
Join Facebook Group
Like Facebook Page
PAN / Adhar / Licence Passport

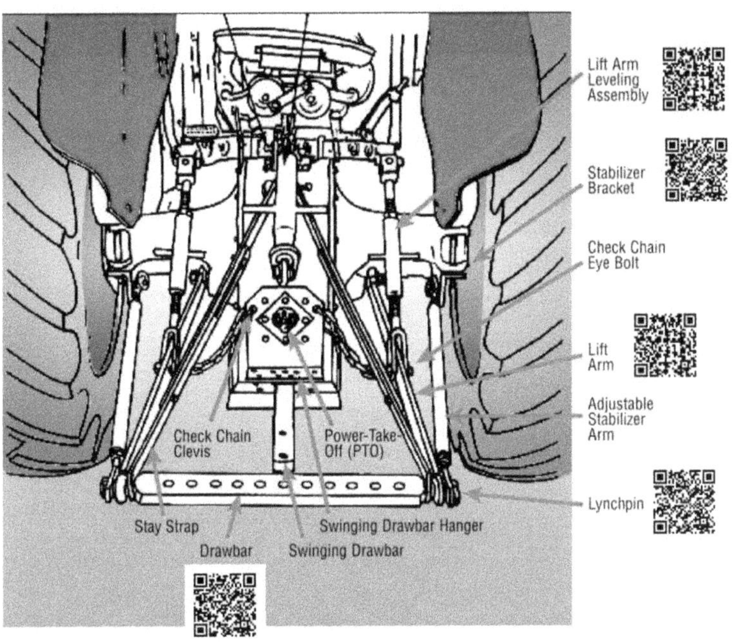
Lift Arm
Leveling
Assembly
Stabilizer
Bracket
Check Chain
Eye Bolt
Lift
Arm
Adjustable
Stabilizer
Arm
Lynchpin
Check Chain
Clevis
Power-Take-
Off (PTO)
Stay Strap
Swinging Drawbar Hanger
Drawbar
Swinging Drawbar

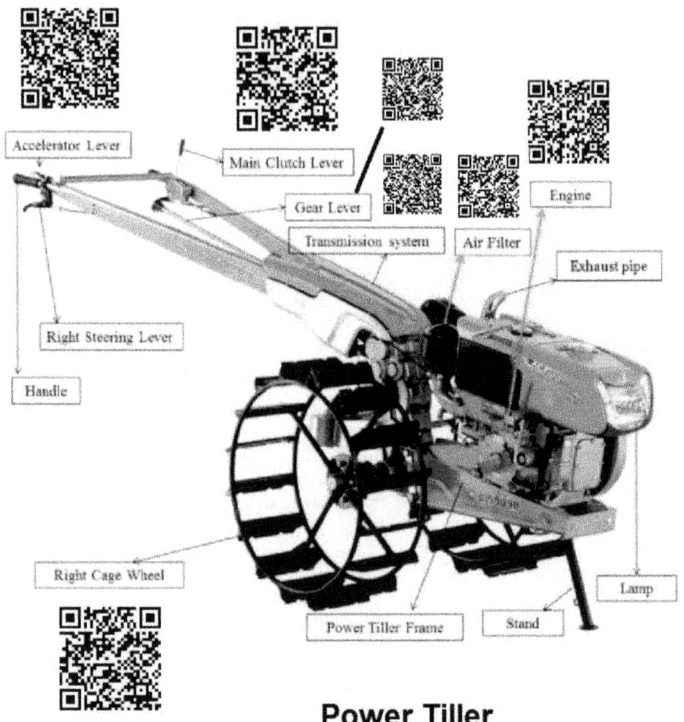

Power Tiller

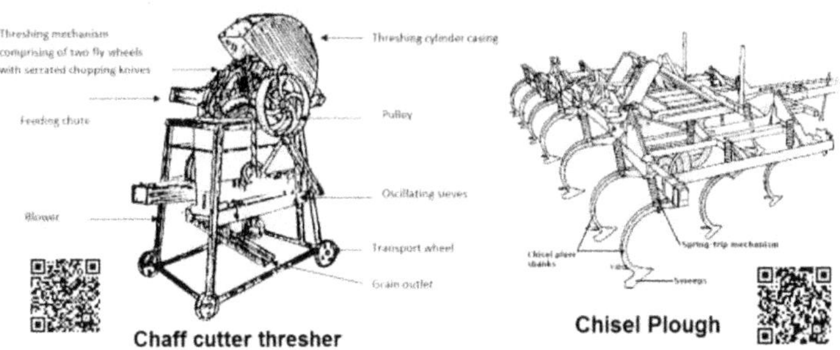

Chaff cutter thresher

Chisel Plough

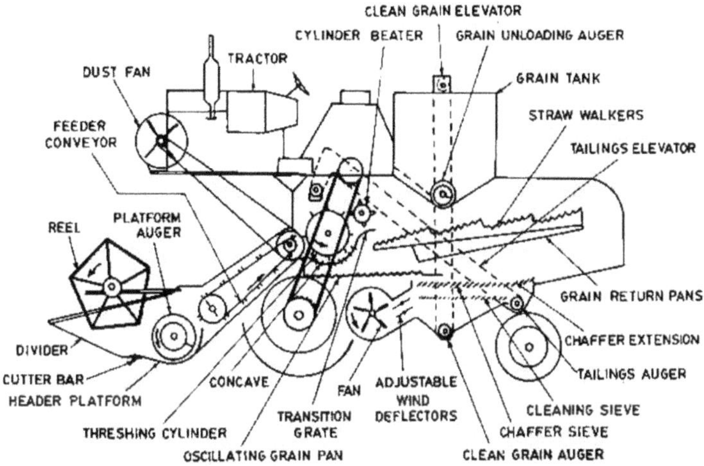

Combine harvester

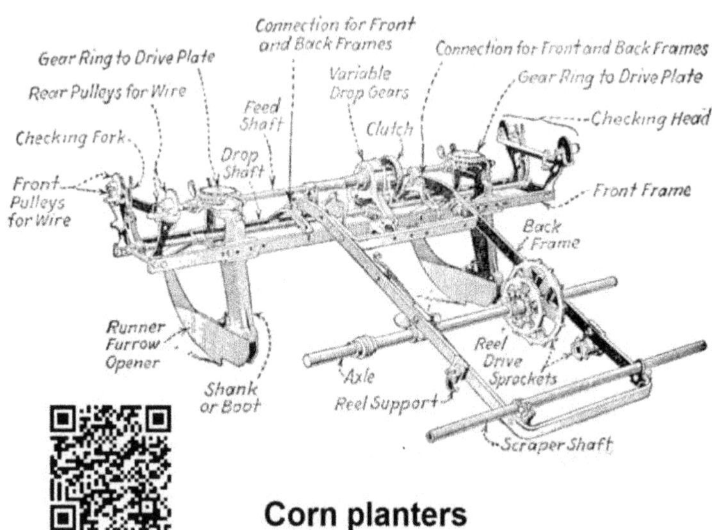

Corn planters

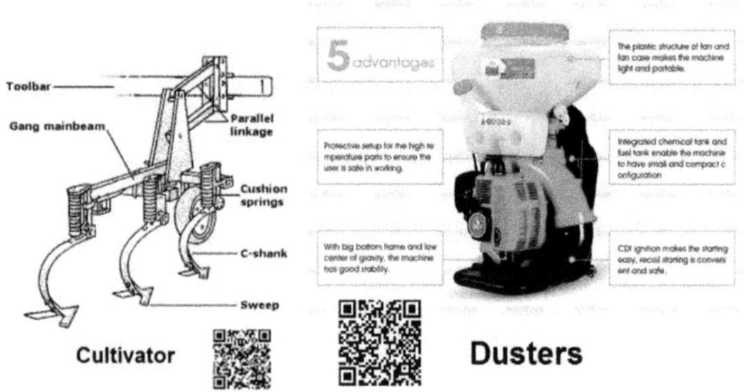

Cultivator

Dusters

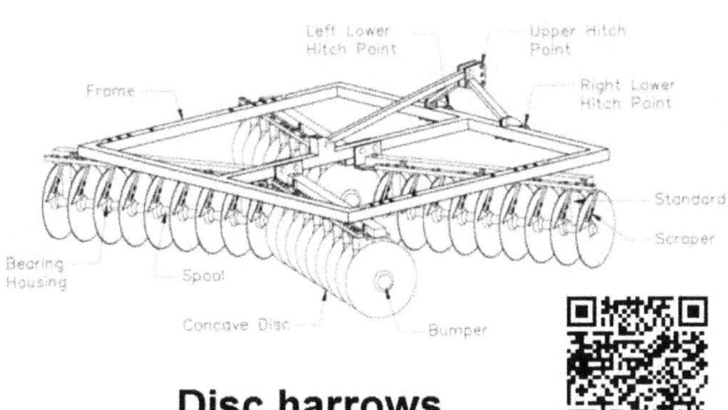
Left Lower Hitch Point
Upper Hitch Point
Frame
Right Lower Hitch Point
Standard
Scraper
Bearing Housing
Spool
Concave Disc
Bumper
Disc harrows

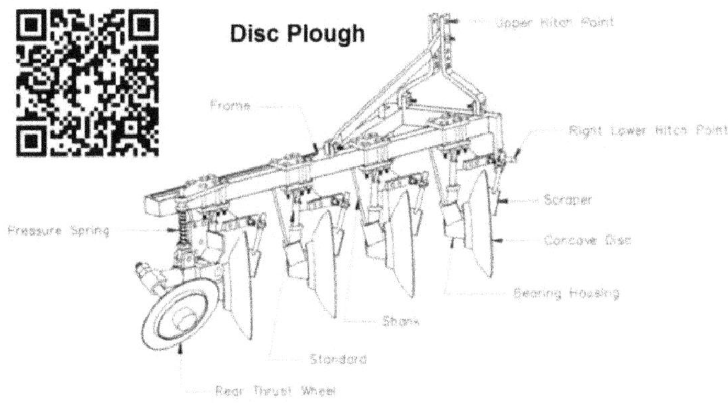
Disc Plough
Upper Hitch Point
Frame
Right Lower Hitch Point
Scraper
Pressure Spring
Concave Disc
Bearing Housing
Shank
Standard
Rear Thrust Wheel

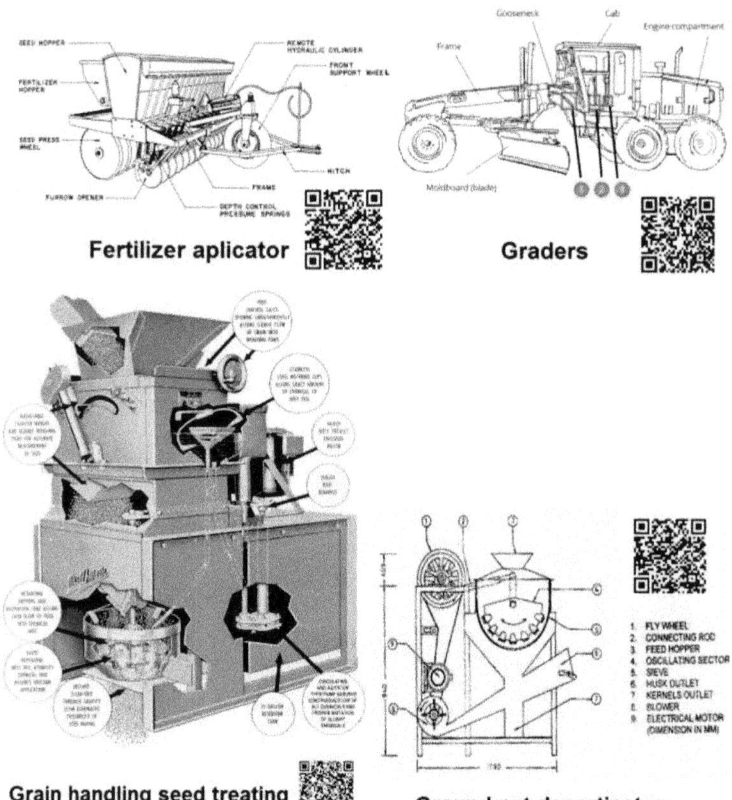

Fertilizer aplicator

Graders

Grain handling seed treating

Ground nut decorticator

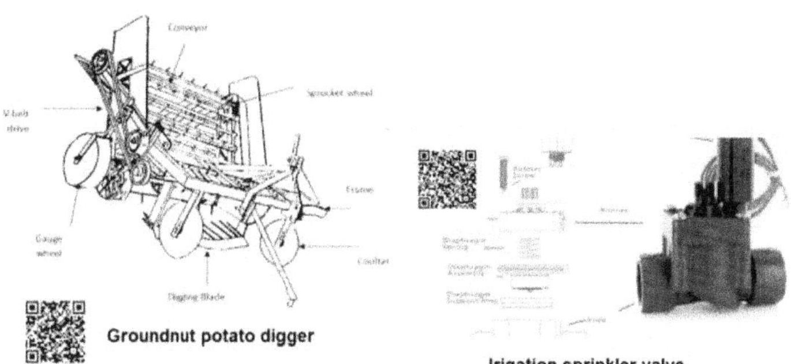

Groundnut potato digger

Irigation sprinkler valve

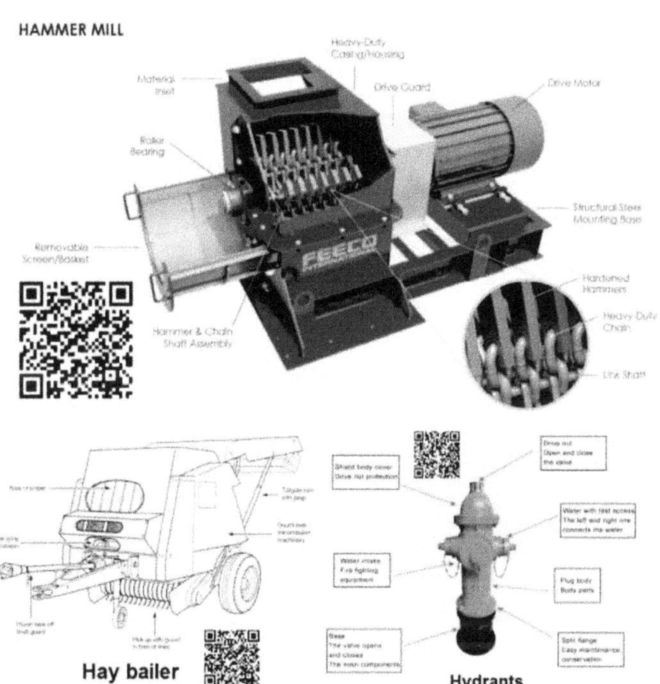

Hay bailer

Hydrants

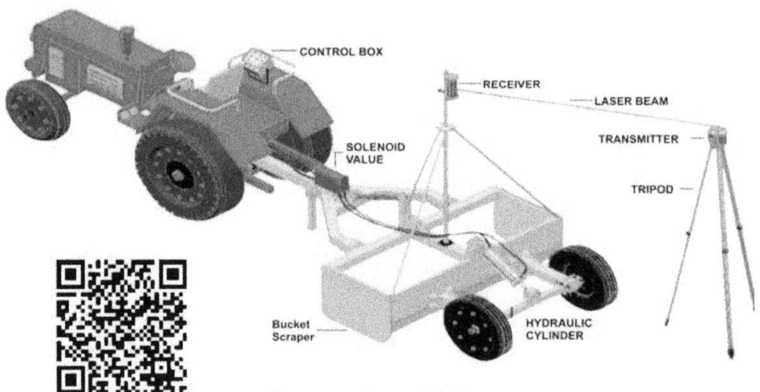

Lazar leveler

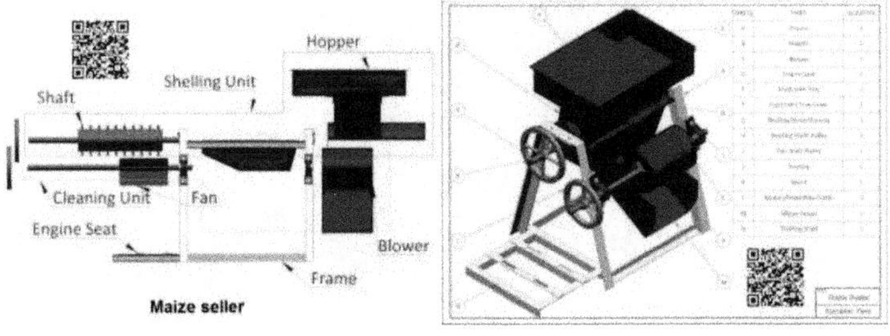

Maize seller

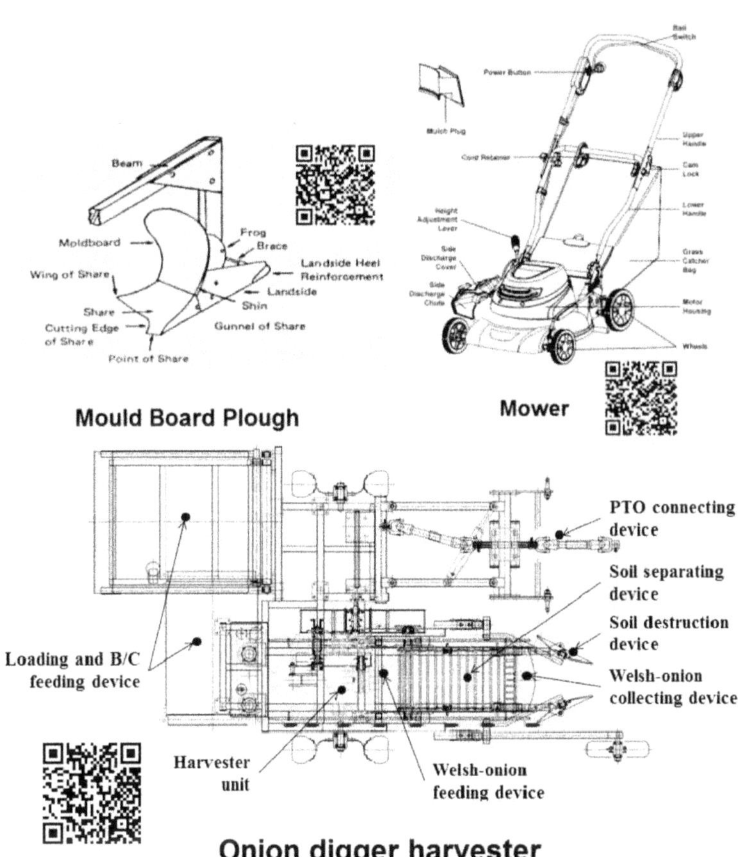

Mould Board Plough

Mower

Onion digger harvester

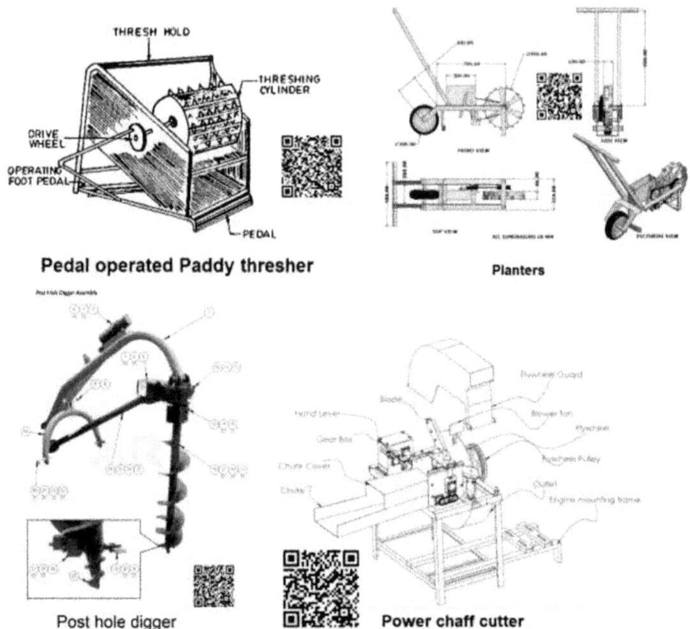

Pedal operated Paddy thresher

Planters

Post hole digger

Power chaff cutter

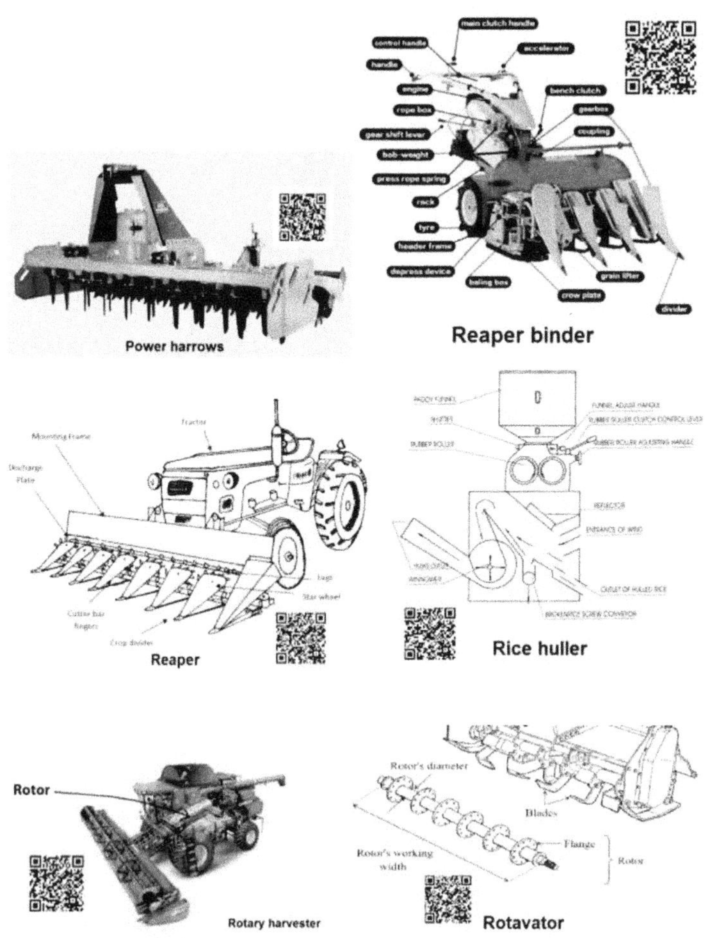
main clutch handle
control handle
accelerator
handle
engine
bench clutch
rope box
gearbox
gear shift lever
coupling
bob-weight
press rope spring
rack
tyre
header frame
depress device
baling box
grain lifter
crow plate
divider
Power harrows
Reaper binder
Reaper
Rice huller
Rotor
Rotary harvester
Rotor's diameter
Blades
Flange
Rotor's working width
Rotor
Rotavator

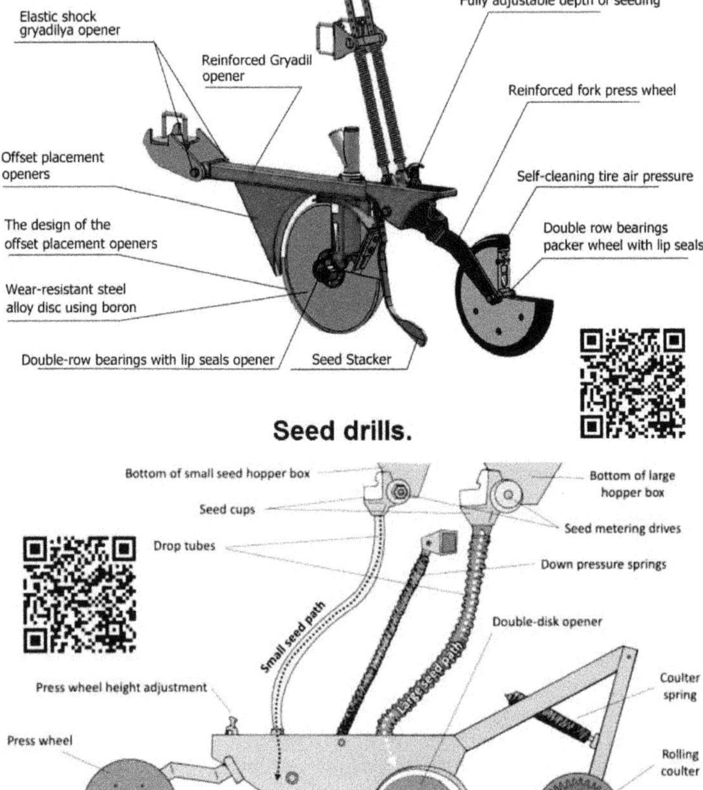

Seed drills.

Seed drills

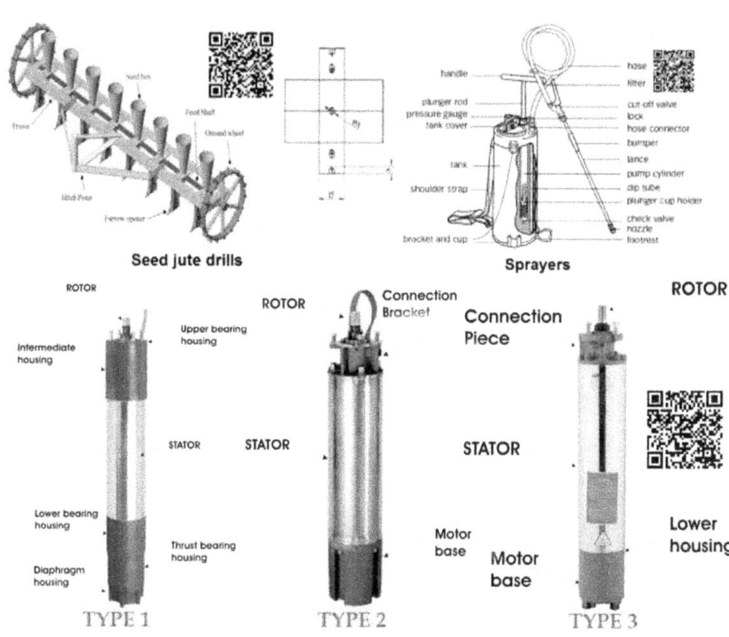

Seed jute drills

Sprayers

Submersible pump

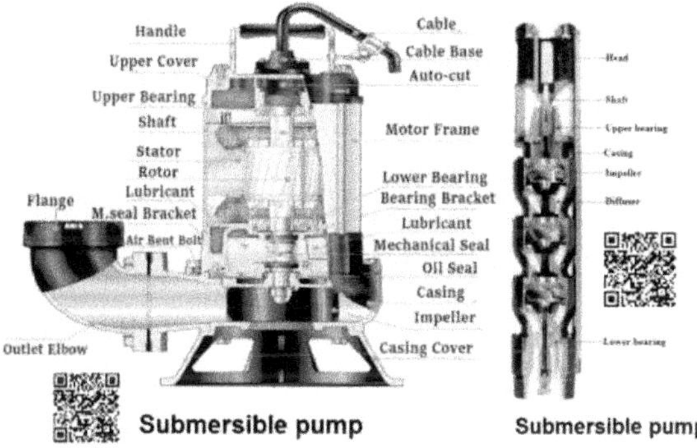

Submersible pump

Submersible pump

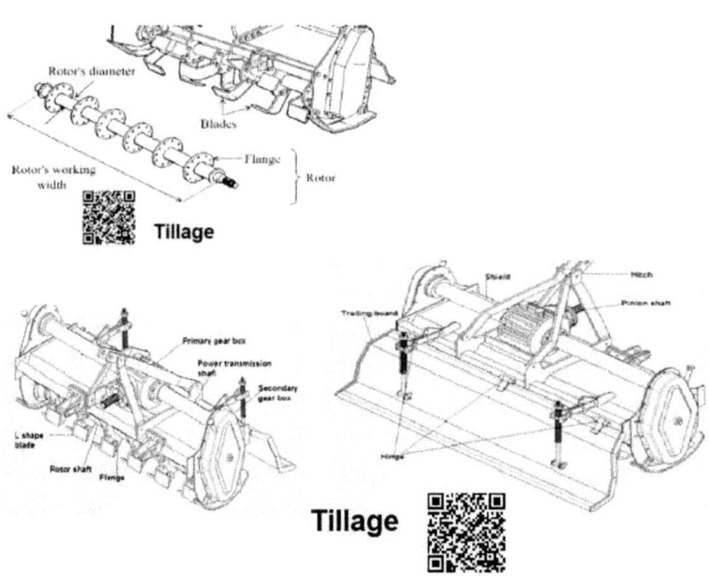
Rotor's diameter
Blades
Flange
Rotor
Rotor's working width
Tillage
Primary gear box
Power transmission shaft
Secondary gear box
L shape blade
Rotor shaft
Flange
Shield
Hitch
Pinion shaft
Trailing board
Hinge
Tillage

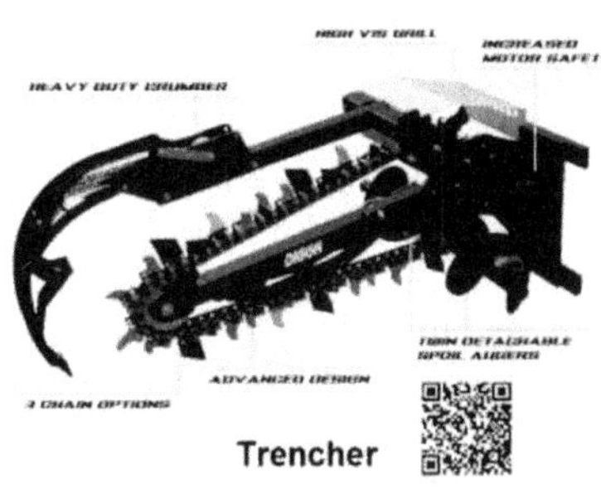

Trencher

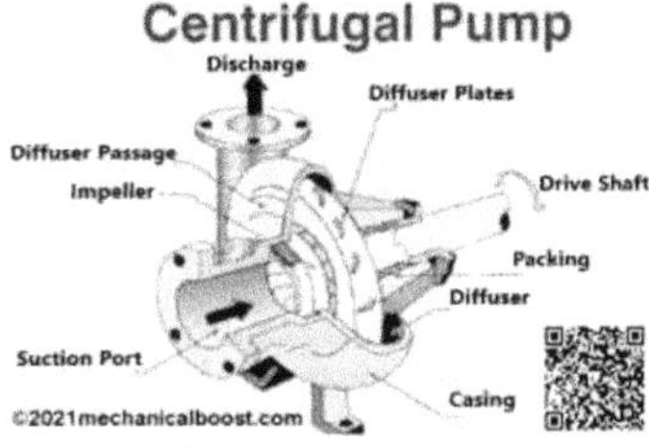

volute type centrifugal pump

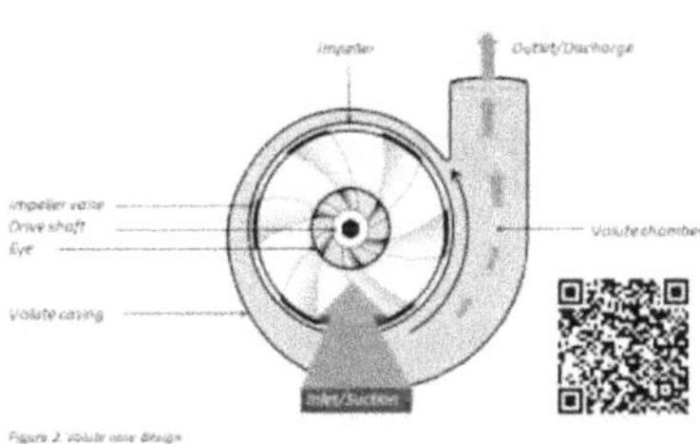

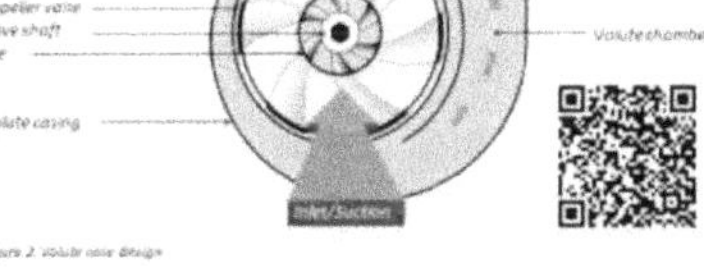

volute type centrifugal pump

wheat Thresher

Enter Caption

2

मेकॅनिक एग्रीकल्चेर मशिनरी MAM द्विवतीय वर्ष हिंन्दी MCQ

जुताई के किस वर्गीकरण में प्रारंभिक प्रमुख मृदा कार्य संचालन शामिल है?

क) माध्यमिक जुताई

बी) प्राथमिकजुताई

ग) तृतीयक जुताई

घ) प्राथमिक और माध्यमिक जुताई

2] मिट्टी को आंशिक रूप से या पूरी तरह से काटने, तोड़ने और पलटने के लिए कौन सा प्राथमिक जुताई ऑपरेशन किया जाता है?

ए) जुताई

बी) विनोइंग

ग) थ्रेसिंग

घ) हैरोइंग

3] किस प्रकार का मोल्डबोर्ड अपेक्षाकृत अचानक वक्रता के साथ छोटा लेकिन चौड़ा होता है?

ए) सोड या ब्रेकर

बी) स्लेट

ग) खूंटी

घ) सामान्य प्रयोजन

4] एक सपाट प्लेट जो हल के तल के पार्श्व जोर को खारे दीवार तक ले जाती है और संचारित करती है __________ के रूप में जानी जाती है

ए) <u>लैंडसाइड</u>

b) टेल पीस

ग) योजक

घ) कल्टर

5] मुख्य हल के तल के सामने सीधे एक छोटे रिबन जैसे फ़रो स्लाइस को मोड़ने के लिए किस हल सहायक का उपयोग किया जाता है?

ए) कल्टर

बी) गेज व्हील

ग) <u>योजक</u>

डी) भूमि पहिया

6] प्रतिवर्ती हल जिसमें सिंगल बॉटम ऐसी व्यवस्था के साथ होता है कि लगभग 180° घुमाकर हल का निचला भाग दाएं हाथ से बाएं हाथ में बदल जाता है?

क) <u>कुश्तीहलकोचालूकरें</u>

बी) डिस्क हल

ग) छेनी हल

घ) रोटावेटर

7] एक अच्छे हल का डिस्क कोण कितना होता है?

क) 35°-39°

ख) <u>42°-45°</u>

ग) 23°-27°

घ) 59°-63°

8] कौन सा हल नियमित डिस्क हल और डिस्क हैरो के सिद्धांतों का संयोजन है और मिट्टी में उथले काम करने के लिए उपयोग किया जाता है?

ए) <u>लंबवतडिस्कहल</u>

ख) छेनी हल

सी) सबसॉइलर

डी) मानक डिस्क हल

9] कई रोटरी टाइन या चाकू के माध्यम से प्रभाव बलों द्वारा मिट्टी को काटने और कुचलने के लिए किस हल का उपयोग किया जाता है?

ए) बरमा हल घूर्णन

बी) रोटावेटर

ग) छेनी हल

घ) <u>रोटरीहल</u>

10] ट्रैक्टर को घुमाने के लिए खेत के प्रत्येक छोर पर जमीन की एक पट्टी जिसे बिना जुताई के छोड़ दिया जाता है, ________ के रूप में जाना जाता है।

ए) हेड लैंड

b) डेड फ़रो

ग) बैक फ़रो

घ) क्राउन

1] मोल्ड बोर्ड हल का कौन सा भाग खलिहान को ढकने के लिए खांचे के टुकड़े को उल्टा कर देता है?

ए] हलनीचे

बी] भूमि पक्ष

सी] मोल्ड बोर्ड

डी] क्रॉस शाफ्ट

2] हल का मेंढक बनाने के लिए किस सामग्री का उपयोग किया जाता है?

ए] दाग रहित स्टील

बी] उच्च कार्बन स्टील

सी] हाई स्पीड स्टील

डी] कच्चालोहा

3] अड़चन बिंदु का प्रकार क्या है?

ए] दो बिंदु अड़चन

बी] सिंगलपॉइंटअड़चन

सी] तीन बिंदु अड़चन

डी] चार बिंदु अड़चन

4] अड़चन प्रणाली का प्रकार क्या है?

ए] दोबिंदुअड़चनप्रणाली

बी] सिंगल पॉइंट हिच सिस्टम

सी] तीन बिंदु अड़चन प्रणाली

डी] चार बिंदु अड़चन प्रणाली

5] हल जोतने की कौन सी विधि जुताई वाली भूमि की एक पट्टी के चारों ओर काम करती है?

ए] सभा

बी] कास्टिंग

सी] टिलिंग

डी] हिचिंग

6] केंद्र में अधिक ऊंचाई दिखाने वाले खेतों के लिए कौन सी जुताई का अभ्यास किया जाता है?

सभा

बी] हिचिंग

सी] कास्टिंग

डी] प्राथमिक जुताई

7] किस जुताई से ईंधन और समय की बचत होती है?

ए] इकट्ठा करने की विधि

बी] मिश्रितविधि

सी] कास्टिंग विधि

डी] हिचिंग विधि

8] मोल्ड बोर्ड हल के भंडारण के दौरान की जाने वाली रखरखाव गतिविधि क्या है?

ए] बार पॉइंट्स को रेडियस गेज से जांचा जाना है

B] कल्टरों को पेट्रोल जेली से साफ करें

सी] मृदासंलग्नभागोंकोजंग-रोधीयौगिककेसाथलेपितकियाजानाहै

डी] कूल्टर किनारों को लुब्रिकेट करने के लिए

9] मोल्ड बोर्ड हल के बार प्वाइंट/शेयर की जांच के लिए किस उपकरण का उपयोग किया जाता है?

ए] फीलर गेज

बी] समानांतर ब्लॉक

सी] स्टील नियम

डी] सीधाकिनारा

10] फील्ड ऑपरेशन के लिए ट्रैक्टर के साथ उपकरणों को जोड़ने का क्या नाम है?

ए] जुताई

बी] कटाई

सी] हिचिंग

डी] बीज रोपण

11] प्राथमिक जुताई संचालन का उद्देश्य क्या है?

ए] डिस्क हल को सहायता प्रदान करें

बी] सुधार कार्य के लिए गहरी जुताई

सी] अच्छीबीजक्यारीतैयारी

D] कड़ाही को तोड़ने में मदद करता है

12] बीज लगाने से पहले और बाद में मिट्टी पर कौन सा ऑपरेशन किया गया?

ए] प्राथमिक जुताई

बी] माध्यमिकजुताई

C] जुताई हेड लैंड

डी] सभा

13] किस प्रकार के ऑपरेशन से खरबूजे नष्ट हो जाते हैं और उनकी वृद्धि रुक जाती है?

ए] जुताईसंचालन

बी] हिचिंग ऑपरेशन

सी] रोटावेटर ऑपरेशन

डी] बीज ड्रिलिंग ऑपरेशन

14] निम्नलिखित में से कौन सा उपकरण जुताई के संचालन के लिए उपयोग किया जाता है?

ए] सब सॉइलर

बी] रोटावेटर

सी] हैरोहल

डी] खुरचनी

15] कृषि कार्यान्वयन का प्रकार क्या है?

ए] लेवलर

बी] मोल्डबोर्डहल

सी] खुरचनी

डी] रिगर

1] मोल्डबोर्ड के हिस्से में कितने प्रतिशत कार्बन मौजूद है?

क) 0]70%-0]80%

बी) 0] 50% -0] 60%

ग) 0]30%-0]40%

डी) 0] 10% -0] 20%

2] एक बैल से खींचा गया देसी हल 2]4 किमी प्रति घंटे पर काम कर रहा है और मिट्टी को 20 सेमी गहरा और 20 सेमी चौड़ा शीर्ष पर काट रहा है] 5 घंटे में मिट्टी की मात्रा की गणना करें]

क) 248 एम3

बी) 219 एम3

सी) 240 एम 3

घ) 200 एम3

3] बैलों की एक जोड़ी वी-आकार की नाली को 15 सेमी चौड़ा और 5 सेमी गहरा बनाते समय 30 ° क्षैतिज पर 100 किलो खींचती है] जुताई की गति 3 किलोमीटर प्रति घंटे है]

लागू और विकसित अश्वशक्ति पर इकाई मसौदा क्या है बैलों से?

ए) 2]31 किग्रा/सेमी2; 0]96 एचपी

बी) 2]11 किग्रा/सेमी2; 0]86 एचपी

ग) 2]56 किग्रा/सेमी2; 0]98 एचपी

घ) 3]11 किग्रा/सेमी2; 0]76 एचपी

4] एक दो-पहिया ड्राइव ट्रैक्टर एक इम्प्लीमेंट खींचता है जिसके लिए 12 के ड्राफ्ट की आवश्यकता होती है] 5 केएन] ट्रैक्टर की गति प्रतिरोध 4] 5 केएन है और चालक के पहिये की पर्ची 20% है] संचरण क्षमता 0 है] 8] इंजन की शक्ति को ड्रॉबार पावर में परिवर्तित करने में खोई हुई शक्ति का प्रतिशत ______ है

ए) 26]47%

बी) 36%

सी) 41]18%

घ) 52]94%

5] मोल्डबोर्ड के हिस्से में कितने प्रतिशत मैंगनीज मौजूद है?

क) 0] 50% -0] 80%

बी) 0] 90%-1%

ग) 0]20% -0]40%

डी) 0] 10% -0] 30%

6] किस शेयर में डिटैचेबल पीस होता है?

ए) स्लिप शेयर

बी) स्लिपनोजशेयर

सी) शिन शेयर

d) बार पॉइंट शेयर

7] किस मोल्डबोर्ड में कोमल वक्रता होती है जो अटूट फरो स्लाइस को उठाती और उलटती है?

ए) स्लेट प्रकार

बी) सामान्य प्रयोजन प्रकार

ग) सोडयाब्रेकरप्रकार

डी) स्टबल प्रकार

8] गनल कुंड की दीवार के साथ सरकने वाले हिस्से का कौन-सा फलक है?

ए) लंबवत

बी) क्षैतिज

ग) केंद्र

डी) समानांतर

9] कौन सा शेयर खराब हो जाने पर पूरे शेयर को बदलने का नुकसान है?

a) बार पॉइंट शेयर

बी) शिन शेयर

ग) स्लिपनोज शेयर

d) स्लिपशेयर

10] क्षैतिज चूषण _______ के अनुसार बदलता रहता है

ए) पुल की रेखा

ख) हलकाआकार

ग) मसौदा

d) शक्ति का केंद्र

16] कृषि यंत्र का नाम क्या है?

ए] सबसॉइलर

बी] फ़रो व्हील

सी] डिस्क हल

डी] मोल्ड बोर्ड हल

17] सब सोइलर का क्या कार्य है?

ए] अनाज फसलों की कटाई

बी] निचलेअभेद्यकठोरपैनकोतोड़ें

सी] मैदान को समतल करना

डी] पिछले हल को स्थिर करें

18] सिंगल स्टैंडर्ड सब सॉइलर का उद्देश्य क्या है?

ए] उथले ऑपरेशन के लिए प्रयुक्त

बी] लेवलिंग ऑपरेशन के लिए प्रयुक्त

सी] गहरीगहराईकेलिएप्रयुक्त

डी] उर्वरक आवेदन के लिए प्रयुक्त

19] सब सॉइलर के टांग के किनारों में कई छेद क्यों किए गए हैं?

ए] पंखऔरझाड़ूपकड़नेकेलिए

बी] स्नेहन के लिए

सी] वजन कम करें

डी] मंजूरी प्रदान करें

20] पुआल और हरी खाद को खेत में शामिल करने के लिए किस प्रकार के कृषि यंत्र का उपयोग किया जाता है?

ए] हैरो

बी] रोटावेटर

सी] कल्टीवेटर

डी] सब सॉइलर

21] कृषि का प्रकार क्या है?

ए] कल्टीवेटर

बी] हैरो

सी] रोटावेटर

डी] सब सॉइलर

22] किस प्रकार का रोटावेटर ब्लेड खरपतवारों को मारता है और कम चूर्णीकरण का कारण बनता है?

ए] एल-आकारकाब्लेड

बी] सी-आकार का ब्लेड

सी] स्पीड ब्लेड

डी] सीधे चाकू ब्लेड

23] रोटावेटर में भारी गीली मिट्टी के लिए किस ब्लेड की सिफारिश की जाती है?

ए] सी-आकारकाब्लेड

बी] एल आकार ब्लेड

सी] सीधे चाकू ब्लेड

डी] स्पीड ब्लेड

24] रोटावेटर में लंबे टांगों के ब्लेड का उपयोग करने का क्या उद्देश्य है?

ए] गहरीखेतीकेलिए

B] मैदान को समतल करने के लिए

ग) बीज क्यारी तैयार करने के लिए

डी] उथली जुताई के संचालन के लिए

25] सूखी और गीली भूमि दोनों स्थितियों में एक ही पास में बीज क्यारी तैयार करने के लिए किस कृषि यंत्र का उपयोग किया जाता है?

ए] खुरचनी

बी] हार्वेस्टर

सी] डिचर

डी] रोटावेटर

26] कल्टीवेटर का उद्देश्य क्या है?

ए] प्राथमिक जुताई संचालन के लिए प्रयुक्त

बी] माध्यमिक जुताई संचालन के लिए प्रयुक्त

ग] पंक्तिवाहिनीकेबीचमिट्टीकीजुताई

डी] गहरी खेती के लिए प्रयुक्त

27] टाइन ऑफ कल्टीवेटर बनाने के लिए किस सामग्री का उपयोग किया जाता है?

ए] उच्चकार्बनस्टील

बी] हल्के स्टील

सी] कम कार्बन स्टील

डी] स्टेनलेस स्टील

28] टाइन ऑफ कल्टीवेटर में दिए गए दो भारी कुंडल स्प्रिंग्स का उद्देश्य क्या है?

ए] कुशनिंग प्रभाव प्रदान करें

बी] बाधाकेमामलेमेंक्षतिकोरोकें

सी] टाइन कोण समायोजित करें

डी] सुचारू संचालन प्रदान करें

29] कृषि मशीनरी का क्या नाम है?

ए] डिस्क हल

बी] मोल्ड बोर्ड हल

सी] कल्टीवेटर

डी] डिस्क हैरो

30] सतही वाष्पीकरण हानि को रोकने के लिए किस प्रकार के कृषि यंत्र का उपयोग किया जाता है?

ए] डिस्क हल

बी] रोटावेटर

सी] कल्टीवेटर

डी] डिस्क हैरो

1] कठोर तवे को तोड़ने या मिट्टी की एकमात्र परत को जोतने के लिए किस हल का उपयोग किया जाता है?

ए) सबसॉइलर

ख) छेनीहल

ग) रोटावेटर

घ) बरमा हल घूर्णन

2] मसौदे पर गति का प्रभाव कैसे व्यक्त किया जाता है?

ए) डीएस = डी0 + केएस 2

बी) डीएस = डी0 - केएस 2

सी) डीएस = डी0 * केएस 2

डी) डीएस = डी0 / केएस 2

3] हल के दायीं ओर हर समय कुंड उपलब्ध कराने के लिए किस विधि/विधियों का उपयोग किया जाता है/हैं?

सभा

बी) कास्टिंग

ग) <u>सभाऔरढलाई</u>

घ) उपरोक्त में से कोई नहीं

4] घटते संतुलन विधि का उपयोग करते हुए n वर्षों के बाद मूल्यह्रास मूल्य क्या है?

ए) <u>डी = पी(1-आर)एन</u>

बी) डी = पी(1/आर)एन

सी) डी = पी(1*आर)एन

डी) डी = पी(1+आर)एन

5] ब्रेक इवन प्वाइंट क्या है?

ए) यूसी = एफसीएक्स * ऑक्स

बी) <u>यूसी = एफसीएक्स + ऑक्स</u>

सी) यूसी = एफसीएक्स-ऑक्स

डी) यूसी = एफसी * एक्स * ऑक्स

6] सीधी रेखा विधि में मूल्यह्रास की गणना करने का सूत्र क्या है?

ए) <u>डी = पी-एसएल * एच</u>

बी) डी = पी + एसएल * एच

सी) डी = पी-एसएल + एच

डी) डी = (पीएस) * (एल * एच)

7] गोल और गोल जुताई करने के तरीके क्या हैं?

ए) बाहरी छोर से शुरू

बी) केंद्र से शुरू

ग) बैक फ़रोइंग

d) <u>बाहरीछोरसेशुरूहोकरकेंद्रसेशुरूहोताहै</u>

8] शेयर विंग से प्रतिरोध के केंद्र की दूरी क्या है?

क) <u>हलका 3/4 वांआकार</u>

b) शेयर का 3/4वां आकार

ग) ट्रैक्टर का 3/4 वां आकार

d) मेंढक का 3/4वां आकार

1] प्रत्येक दो डिस्क के बीच गैंग एक्सल पर लगाई गई फ्लैंग्ड ट्यूब को बाद में शाफ्ट पर निश्चित स्थिति पर बनाए रखने के लिए _______ कहा जाता है।

ए) <u>स्पूल</u>

बी) गंगा

ग) असर

घ) खुरचनी

2] किस डिस्क हैरो में दो गिरोह एक साथ हैं और दो एक के पीछे एक फिट हैं?

ए) ट्रैक्टर खींचा

बी) ऑफसेट

ग) अग्रानुक्रम

घ) दोहरी कार्रवाई

31] हैरो का क्या उपयोग है?

ए] रोपणसेपहलेबीजक्यारीतैयारकरनेकेलिए

बी] बीज क्यारी तैयार करने के बाद उपयोग किया जाता है

सी] कठोर जमीन को भेदने के लिए प्रयुक्त

डी] गहरी खेती के लिए प्रयुक्त

32] टिलर से अत्यधिक शोर का कारण क्या है?

ए] रोटर की गति बहुत अधिक

बी] गियरबॉक्सतेलकास्तरबहुतकम

सी] ब्लेड बोल्ट तंग नहीं है

डी] मिट्टी काम करने के लिए बहुत गीली है

33] कल्टीवेटर के पहियों से एंड प्ले कैसे निकालें?

ए] टेकअपवॉशरप्रदानकरें

बी] संतुलन वजन प्रदान करें

सी] बोल्ट और अखरोट के साथ समायोजित करें

डी] फावड़ियों को एक समान गहराई में समायोजित करें

34] फावड़ियों को टाइन से कैसे सुरक्षित किया जाता है?

ए] बोल्टऔरनटद्वारा

बी] रिवेटिंग द्वारा

सी] वेल्डिंग द्वारा

डी] क्लैंप द्वारा

35] हैरो के डिस्क ब्लेड की मोटाई सामान्य रूप से कितनी होती है?

ए] 5 मिमी से 11 मिमी

बी] 3 मिमीसे 9 मिमी

सी] 7 मिमी से 12 मिमी

डी] 6 मिमी से 12 मिमी

36] डिस्क हैरो में ‘स्पूल’ बनाने के लिए किस सामग्री का उपयोग किया जाता है?

ए] स्टेनलेस स्टील

बी] उच्च कार्बन स्टील

सी] <u>कच्चालोहा</u>

डी] गढ़ा लोहा

37] एक के पीछे एक रखे हुए गिरोहों की व्यवस्था का नाम क्या है?

ए] सिंगल एक्शन

बी] <u>डबलएक्शन</u>

सी] ऑफसेट व्यवस्था

डी] मल्टी एक्शन

38] डिस्क हैरो के प्रवेश को कौन सा कारक प्रभावित करता है?

ए] हैरो की मोटाई

बी] हैरो की व्यवस्था

सी] हैरो की सामग्री

डी] <u>हैरोकावजन</u>

39] हैरो किस प्रकार का है?

ए] <u>स्पाइकटूथहैरो</u>

बी] स्प्रिंग टूथ हैरो

सी] ड्रैग हैरो

डी] ब्लेड हैरो

40] हैरो का नाम क्या है?

ए] ड्रैग हैरो

बी] <u>डिस्कहैरो</u>

सी] ब्लेड हैरो

डी] एसीएमई हैरो

41] डिस्क हैरो ब्लेड का आकार कैसा होता है?

ए] उत्तल

बी] स्क्वायर

सी] <u>अवतल</u>

डी] रेडियस

3] ट्रैक्टर से खींचे गए डिस्क हैरो में डिस्क का आकार क्या है?

ए) 20-30 सेमी व्यास

बी) 10-30 सेमी व्यास

सी) 90-110 सेमी व्यास

डी) <u>35-70 सेमीव्यास</u>

4] डिस्क हैरो का वजन कितना होता है?

क) <u>80 से 100 किग्रा</u>

बी) 30 से 50 किग्रा

ग) 10 से 40 किग्रा

घ) 23 से 56 किग्रा

5] गिरोह कोण की सीमा क्या है?

क) 29°-39°

ख) 34°-56°

ग) 0°-27°

घ) 89°-100°

6] किस हैरो को नाइफ हैरो के नाम से जाना जाता है?

ए) पटेला

बी) स्प्रिंग टूथ हैरो

सी) त्रिकोणीय हैरो

d) एक्मेहैरो

7] बैल की शक्ति से 8 घंटे के एक दिन में 1] 5 मीटर चौड़ाई के एक हैरो द्वारा कितने एकड़ को कवर किया जा सकता है] यदि हैरो का प्रत्येक स्पाइक 50 स्पाइक्स होने पर 1 किलो प्रतिरोध दे रहा है] तो किस शक्ति की आवश्यकता होगी हैरो खींचने के लिए बैल?

क) 0]544 किलोवाट

बी) 0]987 किलोवाट

सी) 0]123 किलोवाट

घ) 0]333 किलोवाट

8] एक हैरो को 50 बार खींचने के लिए कितनी शक्ति की आवश्यकता होती है, प्रत्येक 1 किलो का प्रतिरोध देता है, जबकि हैरो की गति 5 किमी/घंटा है]

क) 0]980 किलोवाट

बी) 0]223 किलोवाट

ग) 0]680 किलोवाट

घ) 1]902 किलोवाट

1] निम्नलिखित में से कौन एक प्रकार का कृषक नहीं है?

ए) डिस्क

बी) रोटरी

ग) टाइन

डी) ऑफ-सेट

2] एक फाइव-टाइन कल्टीवेटर जिसमें टाइन की दूरी 8 सेमी, काम करने की गहराई 5 सेमी और गति 3 किमी / घंटा है] टर्निंग लॉस 10% है] मृदा प्रतिरोध 0] 6 किग्रा/सेमी 2] कुंड की चौड़ाई 5 सेमी है] क्या होगा अधिकतम मसौदा?

क) 106 किग्रा

बी) 120 किग्रा

सी) 186 किलो

घ) 116 किग्रा

3] एक ट्रैक्टर को 9-टाइन कल्टीवेटर के साथ जोड़ा जाता है] फील्ड परीक्षण के दौरान, ड्रॉबार डायनेमोमीटर 14000 N का औसत खिंचाव दिखाता है] ट्रैक्टर की गति 6 किमी प्रति घंटा है] ट्रैक्टर की शक्ति का पता लगाएं]

ए) 24 किलोवाट

बी) 25 किलोवाट

सी) 21]67 किलोवाट

घ) 23]33 किलोवाट

4] फावड़े का कटिंग एंगल रेंज क्या है?

क) 15°-20°

ख) 34°-39°

ग) 45°-49°

घ) 50°-60°

5] कीप के तल पर तीन छेदों द्वारा बनाया गया कोण क्या है?

क) 110°

बी) 100 डिग्री

सी) 106 डिग्री

डी) 120 डिग्री

6] डक फुट कल्टीवेटर के आयाम क्या हैं?

ए) 225 सेमीलंबा; 60 सेमीचौड़ा; 7 स्वीप

बी) 106 सेमी लंबा; 90 सेमी चौड़ा; 7 स्वीप

ग) 120 सेमी लंबा; 60 सेमी चौड़ा; 6 स्वीप

डी) 215 सेमी लंबा; 50 सेमी चौड़ा; 10 स्वीप

7] हाइड्रोलिक लिफ्ट से लैस ट्रैक्टरों द्वारा कौन से कल्टीवेटर संचालित होते हैं?

क) अनुगामी कल्टीवेटर

b) माउंटेडकल्टीवेटर

ग) स्प्रिंग लोडेड टाइन्स के साथ कल्टीवेटर

घ) कठोर टीन्स वाले कल्टीवेटर

8] किस कल्टीवेटर में, बोल्टों को ढीला करने और फिसलने से टाइन की दूरी को बदल दिया जाता है?

क) कठोरटीन्सवालेकल्टीवेटर

ख) स्प्रिंग लोडेड टाइन के साथ कल्टीवेटर

ग) डक फुट कल्टीवेटर

d) माउंटेड कल्टीवेटर

9] एक थ्री-टाइन कल्टीवेटर जिसमें टाइन की दूरी 6 सेमी, काम करने की गहराई 3 सेमी और गति 2 किमी / घंटा है] टर्निंग लॉस 10% है] मिट्टी की प्रतिरोधकता 0] 6 किग्रा / सेमी 2] कुंड की चौड़ाई 6 सेमी है] क्या आवश्यक शक्ति होगी?

ए) 0]54 किलोवाट

बी) <u>0]23 किलोवाट</u>

सी) 0]17 किलोवाट

डी) 1 किलोवाट

42] डिस्क हैरो का डिस्क गैंग एंगल बढ़ने से क्या प्रभाव पड़ेगा?

ए] प्रवेश कम करें

बी] <u>प्रवेशमेंसुधार</u>

सी] प्रभावी समतलन सुनिश्चित करें

D] भूमि की कठोर मिट्टी को तोड़ना

43] कठोर और पथरीली मिट्टी में किस प्रकार के हैरो का प्रयोग किया जाता है?

ए] स्पाइक टूथ हैरो

बी] <u>स्प्रिंगटूथहैरो</u>

सी] ड्रैग हैरो

डी] डिस्क हैरो

44] मोल्ड बोर्ड हल की तुलना में डिस्क हल का क्या लाभ है?

ए] गहरी उत्तोलन की सुविधा

बी] <u>क्षेत्रकोतेजगतिसेकवरकरें</u>

सी] गति विविध हो सकती है

डी] कठोर मिट्टी को प्रभावी ढंग से तोड़ें

45] डिस्क हल सहायक उपकरण का नाम क्या है?

ए] <u>बीम</u>

बी] हिचिंग यूनिट

सी] डिस्क असेंबली

डी] रियर फ़रो व्हील

46] डिस्क हल के कौन से कोण मिट्टी में वांछित प्रवेश के लिए जिम्मेदार हैं?

ए] क्रॉस शाफ्ट और क्रैंक कोण

बी] <u>डिस्कऔरझुकावकोण</u>

सी] बीम फ्रेम कोण

डी] फ़रो व्हील और ग्राउंड व्हील कोण

47] डिस्क हल का अनुशंसित डिस्क और झुकाव कोण क्या है?

ए] 46° और 22°

बी] 42° और 18°

सी] 38 डिग्री और 12 डिग्री

डी] 24° और 12°

48] कृषि का कार्यान्वयन किस प्रकार का है?

ए] बंड मेकर

बी] बिस्तर किसान

सी] लेवलर

डी] डिचर

49] कृषि कार्यान्वयन का नाम क्या है?

ए] डिचर

बी] टेरासर

सी] बंडलनिर्माता

डी] खुरचनी

50] कृषि यंत्र का नाम क्या है?

ए] खुदाई करने वाला

बी] कल्टीवेटर

सी] टेरेसर

डी] डम्पर

51] कृषि कार्यान्वयन का नाम क्या है?

ए] खुदाई करने वाला

बी] डम्पर

सी] टेरेसर

डी] खुरचनी

52] कौन सा पावर सिस्टम पोस्ट होल डिगर को चलाता है?

ए] हाइड्रोलिकसिस्टम

बी] वायवीय प्रणाली

सी] यांत्रिक प्रणाली

डी] विद्युत प्रणाली

53] पोस्ट होल डिगर का क्या उपयोग है?

ए] बाड़पदोंकेलिएकईछेदखोदें

बी] गहरी खेती

ग] पंक्ति वाहिनी के बीच मिट्टी की जुताई

डी] खेतों की ग्रेडिंग और समतलन

54] कृषि कार्यान्वयन का नाम क्या है?

ए] खुरचनी

बी] कीटछेदखोदनेवाला

सी] कल्टीवेटर

डी] डम्पर

55] किस कृषि उपकरण का उपयोग रफ लेवलिंग और ऊँचे स्थानों को काटने के लिए किया जाता है?

ए] खुरचनी

बी] डम्पर

सी] लेवलर

डी] खुदाई करने वाला

56] खुरचनी का उपयोग क्या है?

ए] मिट्टीकोएकस्थानसेदूसरेस्थानपरलोडकरनाऔरउतारना

बी] गहरी खेती

ग] पंक्ति वाहिनी के बीच मिट्टी की जुताई

D] मेड़ों को तोड़कर भूमि तैयार करें

57] कृषि का कार्यान्वयन किस प्रकार का है?

ए] खुरचनी

बी] डम्पर

सी] लेवलर

डी] कल्टीवेटर

1] बीज बोने की किस प्रक्रिया में बीजों को सीड बेड में बने गड्ढों में डालकर ढककर रख दिया जाता है?

ए) प्रसारण

बी) प्रत्यारोपण

ग) डबिंग

घ) ड्रिलिंग

2] निम्न में से कौन सी ड्रिलिंग का एक प्रकार नहीं है?

क) हल के पीछे बुवाई

ख) बैल से तैयार बीज अभ्यास

ग) ट्रैक्टर से तैयार बीज अभ्यास

d) पंक्तिरोपणकीजाँचकरें

3] किस बीज मीटरिंग तंत्र में, फीड व्हील को महीन और मोटे रिब्ड फ्लैंग्स के साथ प्रदान किया जाता है?

ए) आंतरिकडबलरनप्रकार

बी) फ्लुटेड फ़ीड प्रकार

सी) सेल फ़ीड तंत्र

डी) ब्रश फ़ीड तंत्र

4] 5*22 सेमी आकार की बैल-चालित सीड ड्रिल के साथ एक हेक्टेयर भूमि में बोने की लागत की गणना करें] बैलों की गति 3 किमी/घंटा है] बैलों का किराया शुल्क? 100/- प्रति जोड़ी, सीड ड्रिल का किराया प्रभार है ? 50/- प्रति दिन और ऑपरेटर की मजदूरी? 100/- प्रति दिन 8 घंटे]

एक) ? 84]88

बी) ? 94]68

सी) ? 110]90

डी) ? 34]29

5] एक फ्लुटेड फीड सीड ड्रिल में सिंगल डिस्क प्रकार के आठ फ़रो ओपनर्स होते हैं] फ़रो ओपनर्स को 25 सेंटीमीटर की दूरी पर रखा जाता है और मुख्य ड्राइव व्हील का व्यास 120 सेमी होता है] सीड ड्रिल होने पर मेन ड्राइव व्हील के कितने मोड़ होंगे एक हेक्टेयर क्षेत्र को कवर किया?

क) 1333]3

बी) 1666] 6

सी) 1999]9

घ) 1234]5

6] बुवाई के लिए आवश्यक समय की गणना करें 1] 6 हेक्टेयर भूमि में पांच खांचे वाली सीड ड्रिल 12] 5 सेमी गहरी] सीड ड्रिल की गति 3] 2 किमी/घंटा है और सीड ड्रिल पर मिट्टी द्वारा लगाया गया दबाव 0 है।]42 किग्रा/सेमी2] कुंड खोलने वालों के बीच की जगह 10 सेमी है और मोड़ में नुकसान 10% है]

ए) 21]07 बजे

बी) 9]87 बजे

ग) 2]34 घंटे

घ) 11]11 बजे

7] एक 7*17 सेमी सीड ड्रिल की बीज दर/हेक्टेयर की गणना करें, जिसका मुख्य ड्राइव व्हील 124 सेमी व्यास है और 20 चक्करों में एकत्र किए गए अनाज का कुल वजन 0]423 किग्रा]

ए) 45] 58 किलो

बी) 54]34 किलो

सी) 90 किलो

डी) 23]78 किलो

8] मक्के की अधिकतम उपज 40000 पौधों की प्रति हेक्टेयर की आबादी के साथ प्राप्त की जाती है] पंक्तियों की दूरी 140 सेमी है और औसतन 85% निकलने की उम्मीद है] यदि पहाड़ियों की दूरी 140 सेमी है तो प्रति पहाड़ी कितने बीज लगाए जाने चाहिए?

ए) 9

बी) 2

ग) 10

घ) 11

9] एक ऊर्ध्वाधर घूर्णन डिस्क की परिधि पर किस बीज मीटरिंग तंत्र में चम्मच के कप होते हैं?

ए) कपफ़ीडतंत्र

बी) सेल फ़ीड तंत्र

ग) ब्रश फ़ीड तंत्र

डी) पिकर व्हील तंत्र

10] मालोबंसा का प्रयोग किस विधि द्वारा किया जाता है?

ए) प्रत्यारोपण

ख) बीजहलकेपीछेगिरना

ग) पंक्ति रोपण की जाँच करें

d) हिल ड्रॉपिंग

1] निम्नलिखित में से कौन एक प्रकार का कुंड खोलने वाला नहीं है?

ए) फावड़ा प्रकार

बी) जूता प्रकार

ग) डिस्क प्रकार

डी) ब्रशफ़ीडप्रकार

58] लेवलर के ब्लेड को बनाने के लिए किस सामग्री का उपयोग किया जाता है?

ए] उच्च कार्बन स्टील

बी] मध्यमकार्बनस्टील

सी] कम कार्बन स्टील

डी] दाग रहित स्टील

59] खेत में पानी के समान वितरण के लिए किस कृषि उपकरण का उपयोग किया जाता है?

ए] खुरचनी

बी] डम्पर

सी] लेवलर

डी] टिलर

60] मिट्टी बनाने के उपकरण का क्या नाम है?

ए] डम्पर

बी] लेवलर

सी] खुरचनी

डी] छेद खोदने वाला

61] ट्रेंचर्स का क्या उपयोग है?

ए] पाइपबिछानाऔरसुरंगबनाना

बी] गहरी खेती

सी] मिट्टी की लोडिंग और अनलोडिंग

डी] बरमा से कीचड़ साफ करें

62] डिचर के गियर बॉक्स यूनिट और ट्रांसमिशन यूनिट में आवधिक तेल परिवर्तन क्या है?

ए] 30 बजे

बी] 50 घंटे

सी] 60 घंटे

डी] 80 घंटे

63] फरो ओपनर किस प्रकार का होता है?

ए] सिंगल डिस्क ओपनर

बी] डबलडिस्कप्रकार

सी] कुदाल प्रकार

डी] जूता प्रकार

64] कुंड खोलने का उद्देश्य क्या है?

ए] बीज को मशीन में स्टोर करने के लिए प्रयुक्त होता है

B] मिट्टीमेंएकसमानगहराईपरकुंडखोलें

सी] गहरी खेती के लिए प्रयुक्त

डी] बीजों का एक समान फैलाव

65] उर्वरक एप्लीकेटर का कौन सा भाग बुवाई में उच्च स्तर की एकरूपता सुनिश्चित करता है?

ए] सर्पिल ट्यूब

बी] रबर ट्यूब

सी] पॉलिथीन ट्यूब

डी] टेलीस्कोपिकट्यूब

66] उर्वरक एप्लीकेटर में पॉलिथीन या रबर ट्यूब का उपयोग करने से क्या लाभ है?

ए] क्लॉगिंगऔरचोकिंगकाआसानीसेपतालगायाजासकताहै

बी] उपयोग में लचीलापन

सी] आसान हैंडलिंग

डी] वजन में कमी

67] उर्वरक एप्लीकेटर में दाँतेदार डिस्क का क्या लाभ है?

ए] गुरुत्वाकर्षण प्रवाह उर्वरक को रोकें

बी] निरंतर गति बनाए रखें

ग) उर्वरककेछोटे-छोटेगुच्छोंकोकुचलना

डी] उर्वरक का एक समान प्रसार प्रदान करें

68] fetilizer applicator में डिवाइस का नाम क्या है?

ए] स्पर व्हील

बी] ग्राउंड व्हील

सी] स्टार व्हील

डी] दाँतेदारडिस्क

69] उर्वरक एप्लीकेटर का स्पर व्हील नॉच से अधिक चौड़ा क्यों होता है?

ए] आरामसेउर्वरककेगुरुत्वाकर्षणप्रवाहकोरोकें

बी] उर्वरक का एक समान प्रवाह प्रदान करें

सी] स्पर व्हील को अटकने से रोकें

डी] स्पर व्हील की गति बढ़ाएं

70] फ़ेटिलाइज़र मीटरिंग डिवाइस का स्पर व्हील बनाने के लिए किस सामग्री का उपयोग किया जाता है?

ए] कैस्टिरोन

बी] उच्च कार्बन स्टील

सी] एल्यूमिनियमकास्टिंग

डी] स्टेनलेस स्टील

2] निम्नलिखित में से कौन फावड़ा का एक प्रकार नहीं है?

ए) प्रतिवर्ती

बी) भाला बिंदु

सी) पारस्परिकशक्ति

घ) एकल बिंदु

3] जूता प्रकार के फरो की न्यूनतम कार्बन सामग्री और मोटाई क्या है?

ए) 0] 5% और 4 मिमी

बी) 0] 5% और 2 मिमी

सी) 0]2% और 4 मिमी

डी) 0] 8% और 8 मिमी

4] डिस्क प्रकार के फरो ओपनर में बीज और उर्वरक ट्यूब का न्यूनतम व्यास क्या है?

ए) 30 मिमी

बी) 45 मिमी

सी) 60 मिमी

डी) 25 मिमी

5] किस फरो ओपनर में पैर की अंगुली और 'टी' आकार के स्क्रेपर्स होते हैं?

ए) प्रतिवर्ती फावड़ा

बी) डबल डिस्क प्रकार

ग) भाला बिंदु फावड़ा

घ) एकलडिस्कप्रकार

6] सीडिंग अटैचमेंट के साथ कल्टीवेटर में इस्तेमाल होने वाले इंप्लीमेंट की रेंज क्या है?

ए) 600-700 मिमी

बी) 400-500 मिमी

सी) 100-200 मिमी

डी) 900-1000 मिमी

7] एक बोने की मशीन में कौन सा बीज मीटरिंग उपकरण तंत्र फ़ीड तंत्र की कोशिकाओं से अतिरिक्त बीज निकालता है?

ए) एज ड्रॉप

बी) कटऑफ

ग) नॉक आउट

डी) फ्लैट ड्रॉप

8] आलू बोने वाले (अर्ध-स्वचालित) की क्षेत्र क्षमता क्या है?

क) 0]15-0]25 हेक्टेयर/घंटा

बी) 0]10-0]14 हेक्टेयर/घंटा

ग) 0]40-0]55 हेक्टेयर/घंटा

घ) 0]09-0]14 हेक्टेयर/घंटा

9] किस प्लांटर के फ्लैंगेस पर छह सी-टाइप ब्लेड होते हैं?

a) आलू बोने की मशीन

बी) कम भूमि धान बीजक

ग) चावल ट्रांस प्लांटर

डी) शून्यतकड्रिल

10] आलू बोने की मशीन (स्वचालित) की क्षमता क्या है?

क) 1000-4000 आलू/घंटा

बी) 200-900 आलू/घंटा

ग) <u>6000-14000 आलू/घंटा</u>

घ) 16000-32000 आलू/घंटा

1] धान की रोपाई कितनी ऊंचाई पर करनी चाहिए?

ए) 5-10 सेमी

बी) <u>15-20 सेमी</u>

ग) 45-50 सेमी

घ) 30-35 सेमी

2] सामान्य से कम परिस्थितियों में धान की दूरी कितनी होनी चाहिए?

क) <u>15*10 सेमी2</u>

ख) 24*12 सेमी2

ग) 34*24 सेमी2

घ) 8*12 सेमी2

71] कृषि कार्यान्वयन का नाम क्या है?

ए] <u>उर्वरकआवेदक</u>

बी] रोलर को चिह्नित करना

सी] स्वचालित बोने की मशीन

डी] गन्ना बोने की मशीन

72] उर्वरक एप्लिकेटर का आवश्यक कारक कौन सा है?

ए] <u>आवेदनदरसमायोज्यहोनीचाहिए</u>

बी] आवेदन की गति स्थिर होनी चाहिए

सी] उर्वरक आवेदक निर्माण में सरल होना चाहिए

डी] दोषपूर्ण भागों का आसान प्रतिस्थापन

73] फरो ओपनर भारी क्यों हो जाता है और बोने की मशीन में बीज और मिट्टी के साथ जमा हो जाता है?

A] उर्वरक की सही तरीके से पैमाइश नहीं की गई

बी] अनुचित बुवाई दर

सी] <u>अनुचितबीजक्यारीतैयारी</u>

डी] बीज का डिस प्लेसमेंट

74] वेजिटेबल ट्रांसप्लांटर के रिवर्स ऑपरेशन में क्या असर होगा?

A] फरो ओपनर बेंड होगा

बी] <u>फरोओपनरमिट्टीसेभरजाएगा</u>

C] फरो ओपनर टूट जाएगा

D] कुंड में बीज का विस्थापन

75] बुवाई दर की गणना के लिए किस सूत्र का प्रयोग किया जाता है?

ए] किलोबीजप्रतिहेक्टेयर=(डीएक्सडब्ल्यू)/पी

बी] किलो बीज प्रति हेक्टेयर=(डी +डब्ल्यू)/पी

सी] किलो बीज प्रति हेक्टेयर=(डी - डब्ल्यू)/पी

डी] किलो बीज प्रति हेक्टेयर=(डब्ल्यू-डी)/पी

76] कौन सा रोपण मिट्टी को तेजी से सूखने देता है और लौकी में अतिरिक्त नमी आ जाती है?

ए] फ्लैट रोपण

बी] बिस्तररोपण

सी] कुंड रोपण

डी] फफोले रोपण

77] रिज रोपण के लिए कौन सी फसल उपयुक्त है?

ए] मक्का

बी] कपास

सी] गन्ना

डी] आलू

78] मक्का की फसल के लिए रोपण की कौन सी विधि अपनाई गई?

ए] समतलभूमिरोपण

बी] रिज रोपण

सी] फरो रोपण

डी] लंबवत भूमि रोपण

79] गन्ना बोने की गति क्या है?

ए] 0] 4 - 4 किमी/घंटा

बी] 0] 8 - 5 किमी/घंटा

सी] 0] 6 - 7 किमी/घंटा

डी] 0] 5 - 5 किमी/घंटा

80] चावल की फसलों की पंक्ति रिक्ति क्या है?

ए] 20 x 10 सेमी

बी] 25 x 15 सेमी

सी] 20 x 20 सेमी

डी] 25 x 20 सेमी

81] बोने की मशीन का नाम क्या है?

ए] मकई बोने की मशीन

बी] आलू बोने की मशीन

सी] धान बोने की मशीन

डी] वेजिटेबलट्रांसप्लांटर

82] वेजिटेबल ट्रांस प्लांटर में झुके हुए प्रेस व्हील्स का क्या उद्देश्य है?

ए] ट्रांस प्लांटेशन की दूरी

बी] जड़केचारोंओरदृढ़मिट्टी

सी] पौधे की गहराई बनाए रखें

डी] रोपण गहराई बदलना

83] पावर टिलर माउंटेड राइस प्लांटिंग में पंक्तियों के बीच की दूरी कितनी होनी चाहिए?

ए] 10 सेमी

बी] 15 सेमी

सी] 20 सेमी

डी] 25 सेमी

84] मैनुअल धान ट्रांस रोपण में ट्रे मूवमेंट मैकेनिज्म कैसे प्राप्त हुआ?

ए] वर्म गियर और शाफ्ट द्वारा

बी] चेनऔरफ्रीव्हीलद्वारा

सी] पहिया और शाफ्ट द्वारा

डी] रैक और पिनियन द्वारा

85] बोने की मशीन का नाम क्या है?

ए] गन्ना बोने की मशीन

बी] कपासबोनेकीमशीन

सी] आलू बोने की मशीन

डी] दो पंक्ति बहु फसल बोने की मशीन

3] किस ज्यामिति का खरपतवारों पर प्रभाव पड़ता है?

ए) रोपण

बी) त्रिकोणीय

ग) परिपत्र

डी) स्क्वायर

4] प्रति पहाड़ी कितने पौधे रोपने के लिए अनुशंसित हैं?

क) 6-7

बी) 7-8

ग) 2-3

घ) 5-6

5] धान की रोपाई की गहराई कितनी होनी चाहिए?

ए) 2-3 सेमी

बी) 4-5 सेमी

सी) 8-9 सेमी

घ) 6-7 सेमी

6] चावल ट्रांस प्लांटर्स किस देश में विकसित किए गए थे?

ए) भारत

बी) पाकिस्तान

ग) चीन

डी) जापान

7] राइस ट्रांस प्लांटर का कौन सा हिस्सा रोपे के लिए शेड की छत की तरह काम करता है?

क) अंकुरट्रे

बी) मोटर

ग) रनिंग गियर

घ) गियर बॉक्स

8] बोने की मशीन की सटीकता __________ पर निर्भर नहीं करती है

ए) बीज प्लेट की गति

बी) हॉपर तल का आकार

ग) बीज के आकार की एकरूपता

घ) मौसम

1] ट्रैक्टर से खींचे गए सेमी-माउंटेड या माउंटेड टाइप मावर्स को कौन सा हिस्सा संचालित करता है?

ए) पीटीओशाफ्ट

बी) कटर

ग) पिटमैन

d) ग्रास बोर्ड

2] घास काटने की मशीन की ड्राइविंग इकाई में किस क्लच का उपयोग किया जाता है?

क) द्रव युग्मन

बी) डॉगक्लच

ग) घर्षण क्लच

घ) सिंगल प्लेट

3] प्रत्येक चाकू क्लिप में क्या अंतर है?

क) 5-15 सेमी

बी) 40-50 सेमी

ग) 35-45 सेमी

घ) 20-30 सेमी

4] जब चाकू का खंड अपने गार्ड के केंद्र में हर स्ट्रोक पर रुकता है, तो इसे किस नाम से जाना जाता है?

क) पुन: तटबंध

बी) सुदृढीकरण

ग) पंजीकरण

घ) बचाव

5] फसल के लिए आवश्यक कुल समय की गणना करें 2] 4 किमी/घंटा की गति से संचालित होने वाले 2 मीटर घास काटने की मशीन के माध्यम से 5 हेक्टेयर घास] (क्षेत्र दक्षता = 80%)

ए) 2] 5 घंटे

बी) 1]2 घंटे

सी) 3] 9 बजे

घ) 7 घंटे

6] 4] 8 किमी/घंटा की गति से काम कर रहे 1]2 मीटर घास काटने वाले को खींचने के लिए किस शक्ति की आवश्यकता है, यदि घास काटने की मशीन की लंबाई 50 किलो प्रति मीटर है और यांत्रिक दक्षता 80% है?

ए) 1 किलोवाट

बी) 0]98 किलोवाट

सी) 0]23 किलोवाट

डी) 2 किलोवाट

7] 4 मीटर कटर बार के साथ कंबाइन द्वारा 10 घंटे के प्रति दिन कितने हेक्टेयर काटे जा सकते हैं, जब यह 4 k/hr की गति से चल रहा हो?

ए) 16ha

बी) 20 हेक्टेयर

सी) 28 हेक्टेयर

घ) 8 हेक्टेयर

8] एक घास काटने की मशीन में 60 सेमी व्यास का ड्राइव व्हील होता है] जब ट्रैक्टर द्वारा चलाया जाता है, तो घास काटने की मशीन की क्रैंक 600 रेव/मिनट बनाती है, 2] 3 किमी/घंटा की गति से चलती है] यदि क्रैंक व्हील के बीच गति अनुपात और लैंड व्हील को 27:1 में बदल दिया जाता है, क्रैंक की समान गति बनाए रखने के लिए घास काटने की

मशीन की गति में वृद्धि की गणना करें]

ए) 0]19 किमी/घंटा

बी) 0]67 किमी/घंटा

सी) 0]11 किमी/घंटा

डी) 0]21 किमी/घंटा

9] घास काटने की मशीन के किस भाग का उपयोग जमीन के ऊपर कट की ऊंचाई को नियंत्रित करने के लिए किया जाता है?

ए) लेजर प्लेट

बी) प्लेट पहने हुए

ग) जूता

d) ग्रास बोर्ड

86] बोने की मशीन का प्रकार क्या है?

ए] आलू बोने की मशीन

बी] अर्ध स्वचालित बोने की मशीन

सी] गन्नाबोनेकीमशीन

डी] कपास बोने की मशीन

87] सेमी ऑटोमेटिक प्लांटर में बीज की दूरी कैसे प्राप्त की जाती है?

ए] रनिंग व्हील को बदलकर

बी] फ़ीडरिंगकोबदलकर

C] फ़रो ओपनर का समायोजन करके

D] कंवायर बेल्ट की दिशा बदलने से

88] बोने की मशीन का नाम क्या है?

ए] दो पंक्ति बहु फसल बोने की मशीन

बी] तीन पंक्ति बहु फसल बोने की मशीन

सी] स्वचालितबोनेकीमशीन

डी] कपास बोने की मशीन

89] आलू बोने वाले के पिकर व्हील के साथ कितने पिकर आर्म जुड़े होते हैं?

ए] 12 नंबर

बी] 10 नंबर

सी] 8 संख्या

डी] 6 संख्या

90] बोने की मशीन किस प्रकार की होती है?

ए] आलू बोने की मशीन

बी] तीन पंक्ति बहु फसल बोने की मशीन

सी] गन्ना बोने की मशीन

डी] दोपंक्तिबहुफसलबोनेकीमशीन

91] हैप्पी सीडर की मशीन में अत्यधिक कंपन का कारण क्या है?

ए] टूटीहुईफलीदारब्लेड

बी] पीटीओ शाफ्ट आकर्षक नहीं है

सी] बीज/उर्वरक बॉक्स खाली

डी] उर्वरक फ्लुटेड रोलर अवरुद्ध है

92] हैप्पी सीडर में दीमक के हमले से बचाने के लिए बीज के साथ कितना क्लोरोपायरोफॉस मिलाया जाना चाहिए?

ए] 2 मिली/किलोग्राम बीज

बी] 3 मिली/किलोग्राम बीज

सी] 4 मिली/किलोग्रामबीज

डी] 5 मिली/किलोग्राम बीज

93] हैप्पी सीडर का कौन सा भाग बीज को वांछित गहराई पर रखने के लिए मिट्टी में फरो ओपनर्स के सम्मिलन को नियंत्रित करता है?

ए] ड्राइव व्हील

बी] दोगहराईनियंत्रणपहियों

सी] पी] टी] ओ शाफ्ट

डी] फ्लेल शाफ्ट

94] हैप्पी सीडर में खाद का डिब्बा कहाँ रखा जाता है?

ए] फ्रेमकेसामनेकीतरफ

बी] फ्रेम के पीछे की ओर

सी] फ्लेल शाफ्ट के पास

डी] फ्रेम के ऊपर

95] हैप्पी सीडर में फ़रो ओपनर के फ़्लेल ब्लेड्स का उद्देश्य क्या है?

ए] फरोओपनरकोसाफकरें

बी] टाइन को तेज करें

सी] बीज को समान रूप से वितरित करें

डी] उर्वरक समान रूप से वितरित करें

96] हैप्पी सीडर में फरो ओपनर का क्या कार्य है?

ए] बीजऔरउर्वरककोड्रिलऔररखें

बी] कटे हुए चावल के भूसे को मिलाएं

सी] उर्वरक आवेदन को नियंत्रित करें

डी] बीज को मशीन में स्टोर करें

97] कौन सा कृषि उपकरण स्टबल मल्चिंग और सीड ड्रिलिंग को एक मशीन में मिलाता है?

ए] कल्टीवेटर

बी] <u>हैप्पीसीडर</u>

सी] हैंड सीड ड्रिल

डी] रोटावेटर

98] फसलों के लिए ड्रिल में किस प्रकार के बीज और उर्वरक उपकरण का उपयोग किया जाता है, जहां किसी न किसी यांत्रिक संचालन के कारण बीज आसानी से क्षतिग्रस्त हो जाते हैं?

ए] <u>कपप्रकार</u>

बी] कुदाल प्रकार

सी] स्टब रनर टाइप

डी] पूर्ण धावक प्रकार

99] मीटरिंग डिवाइस में विभिन्न आकार के बीजों के लिए क्या प्रावधान किया गया है?

ए] <u>एडजस्टेबलस्प्रिंगलोडेडबैफलप्लेट</u>

बी] फ्लुटेड रोलर

सी] अनुदैर्ध्य खांचे

डी] स्क्वायर शाफ्ट

1] 4 किमी / घंटा की गति से संचालित 2 मिमी घास काटने की मशीन के माध्यम से 4 हेक्टेयर घास की कटाई के लिए आवश्यक कुल समय की गणना करें] घास काटने की मशीन की क्षेत्र दक्षता 75% मान लें?

क) 4]67 घंटे

बी) 5]67 घंटे

ग) <u>6]67 घंटा</u>

घ) 7]67 घंटे

2] 5 किमी/मी की गति से काम करने वाले 1]2 मीटर घास काटने की मशीन को खींचने के लिए कितनी अश्वशक्ति की आवश्यकता होगी, इसकी यांत्रिक दक्षता 85% है?

ए) <u>1]56</u>

बी) 2]56

ग) 3]56

घ) 4]56

3] 4] 5 किमी/घंटा की गति से और 4 मीटर कटर बार से संचालित होने वाले घास काटने वाले द्वारा प्रतिदिन 15 घंटे में कितनी हेक्टेयर घास काटी जा सकती है]

ए) 20

बी) 22

सी) 27

घ) 16

4] एक घास काटने की मशीन में 60 सेमी व्यास का पहिया होता है] घास काटने की मशीन का क्रैंक 550 आरपीएम बनाता है, जब इसे ट्रैक्टर द्वारा 2 किमी / घंटा की गति से चलाया जाता है] यदि क्रैंक व्हील और लैंड व्हील के बीच गति अनुपात को 27 में बदल दिया जाता है :1, क्रैंक की समान गति बनाए रखने के लिए घास काटने की मशीन की गति में वृद्धि की गणना करें]

ए) 0]20 किमी/घंटा

बी) 0]304 किमी/घंटा

ग) 1]402 किमी/घंटा

घ) 1] 36 किमी/घं

5] एक 2 मीटर घास काटने की मशीन 3] 5 किमी/घंटा की गति से चल रही है जिसकी कुल दक्षता 75% है] इसके द्वारा कवर किए गए क्षेत्र को हेक्टेयर/घंटा में परिकलित करें]

ए) 0]525

बी) 0]625

सी) 0]725

घ) 0]825

6] कपास बीनने वाले का प्रत्येक स्पिंडल एक चेन बेल्ट व्यवस्था के लिए पिकिंग ज़ोन में कितने चक्कर लगाएगा जिसमें स्पिंडल की गति 1400 आरपीएम है और आगे की यात्रा के 100 सेमी के दौरान पिकिंग ज़ोन में रहती है]

ए) 50

बी) 21

ग) 45

घ) 11

7] एक डिस्क प्रकार घास काटने की मशीन पीटीओ द्वारा 6 डिस्क के साथ 0] 4 मीटर/डिस्क के शाफ्ट के साथ संचालित होती है] काटने के लिए आवश्यक विशिष्ट ऊर्जा 2] 1 केजे / एम 2 है और हवा में आने वाले स्टबल और गियर ट्रेन घर्षण के कारण विशिष्ट बिजली हानि होती है 2 kw/m काटने की चौड़ाई है] यदि ट्रैक्टर के साथ घास काटने की मशीन को 2 KN की प्रोपेलिंग फोर्स की आवश्यकता होती है, तो Kw में 3 किमी/घंटा की गति से आगे बढ़ने के लिए कुल बिजली की आवश्यकता होती है _____

क) 10]67

बी) 20]67

ग) 30]67

घ) 40]67

8] सबसे आम घास काटने की मशीन, निम्नलिखित में से ____________ है

ए) पारस्परिकघासकाटनेकीमशीन

बी) लॉन घास काटने की मशीन

ग) बेलनाकार घास काटने की मशीन

घ) क्षैतिज घास काटने की मशीन

9] एक गैंग मॉवर ____________ का समूह है

ए) 2 याअधिकबेलनाकारघासकाटनेकीमशीन

बी) 5 घास काटने की मशीन

ग) 2 घास काटने की मशीन

घ) 10 घास काटने की मशीन

10] फ्लेल मॉवर में, कटिंग सेक्शन में ____________ होता है

ए) कटर बार

बी) झूलतेचाकू

ग) स्थिर चाकू

d) केवल पारस्परिक उंगलियां

11] घास काटने की मशीन के कटर बार में, चाकू का सिर ____________ से जुड़ा होता है

ए) चाकूवापस

बी) कटर अंत

सी) अत्याधुनिक का प्रारंभिक बिंदु

d) पारस्परिक उंगलियां

12] घास काटने की मशीन में, घास बोर्ड ____________ पर प्रदान किया जाता है

क) कटरअंत

बी) चाकू अंत

सी) चाकू वापस

d) पारस्परिक उंगलियां

13] घास काटने की मशीन के कटर बार में, चाकू के वर्गों को ____________ में फिर से लगाया जाता है

ए) चाकूवापस

बी) पारस्परिक उंगलियां

ग) स्थिर बार

d) बेलनाकार ड्रम

14] घास काटने की मशीन में, पिटमैन गति को ____________ तक पहुंचाता है

ए) <u>चाकूसिर</u>
बी) चाकू मध्य
सी) चाकू वापस
d) चाकू का अंत
15] प्रथम लॉन घास काटने की मशीन का आविष्कार किसने किया?
ए) अल्बर्ट आइंस्टीन
b) बज़ एल्ड्रिन
c) <u>एडविनबडिंग</u>
d) यूरी गगारिन
100] बीज और उर्वरक मीटरिंग उपकरण का प्रकार क्या है?
ए] <u>फ्लुटेडफ़ीडप्रकार</u>
बी] कप प्रकार
सी] इंटरस डबल रम टाइप
डी] सब रूमर टाइप
101] सीड ड्रिल का प्रकार क्या है?
ए] रबर बेल्ट सटीक सीडर
बी] हैंड सीड ड्रिल
सी] <u>शून्यतकड्रिलबीजसहउर्वरकड्रिल</u>
डी] वायवीय बीज ड्रिल
102] बीज सह उर्वरक ड्रिल में बोए गए बीज की मात्रा को कैसे बदला जाता है?
ए] <u>रोलरकोबगलमेंस्थानांतरितकरके</u>
B] रोलर को ऊपर की ओर खिसकाकर
C] रोलर को नीचे की ओर खिसकाकर
D] रोलर को उल्टा करके
103] सीड ड्रिल का प्रकार क्या है?
ए] <u>ड्रिलतकपट्टी</u>
बी] रबर बेल्ट सटीक सीडर
सी] केन्द्रापसारक बीज ड्रिल
डी] हैंड सीड ड्रिल
104] पहले से तैयार खेत में गेहूं और अन्य अनाज की फसलों की बुवाई के लिए किस प्रकार की स्पीड ड्रिल का इस्तेमाल किया जाता है?
ए] रबर बेल्ट सटीक सीडर
बी] ड्रिल तक पट्टी
सी] <u>शून्यतकड्रिलबीजसहउर्वरकड्रिल</u>

डी] केन्द्रापसारक बीज ड्रिल

105] सेल व्हील प्रिसिजन सीडर में रिपेलर व्हील का क्या कार्य है?

A] अतिप्रवाहीबीजोंकोहटाताहै

बी] बीजों का एक समान वितरण सुनिश्चित करें

सी] सुनिश्चित करें कि बीज नीचे गिरें

डी] सटीक ड्रिलिंग प्रदान करें

106] सीड ड्रिल का नाम क्या है?

ए] केन्द्रापसारक बीज ड्रिल

बी] हैंड सीड ड्रिल

सी] वायवीयबीजड्रिल

डी] ड्रिल तक पट्टी

107] सीड ड्रिल का प्रकार क्या है?

ए] हैंड सीड ड्रिल

बी] केन्द्रापसारकबीजड्रिल

सी] वायवीय बीज ड्रिल

डी] ड्रिल तक पट्टी

108] मैन्युअल रूप से संचालित सीड ड्रिल कौन सी है?

ए] केन्द्रापसारक बीज ड्रिल

बी] वायवीय बीज ड्रिल

सी] हैंडसीडड्रिल

डी] सेल व्हील प्रिसिजन सीडर

109] सीड ड्रिल का क्या कार्य है?

ए] ट्रांस रोपण के लिए कई छेद खोदना

बी] बिनाचोटकेसमानरूपसेबीजगिराताहै

सी] खेतों की ग्रेडिंग और समतलन

डी] क्लॉड्स को तोड़ना

1] कौन से स्प्रेयर आमतौर पर आंतरिक दहन इंजन के साथ संचालित होते हैं?

ए) पावरस्प्रेयर

बी) हाइड्रोलिक स्प्रेयर

ग) वाणिज्यिक स्प्रेयर

घ) फुट स्प्रेयर

2] पावर स्प्रेयर किस दबाव पर संचालित होते हैं?

क) 68-103 किग्रा/सेमी2

ख) 20-55 किग्रा/सेमी2

ग) 106-141 किग्रा/सेमी2

घ) 120-155 किग्रा/सेमी2

3] एक पावर स्प्रेयर में एक आंदोलनकारी की घूर्णन गति क्या है?

ए) 400-500 रेव / मिनट

बी) 900-1000 रेव / मिनट

ग) 600-700 रेव/मिनट

घ) <u>100-200 रेव/मिनट</u>

4] किस नोजल में संकीर्ण अण्डाकार स्प्रे पैटर्न बनता है?

ए) खोखले शंकु नोजल

बी) ठोस शंकु नोजल

सी) <u>फैनटाइपनोजल</u>

d) नोजल बॉस

5] पंखे की नोक का परिचालन दबाव, जो अवांछनीय है, ______ है

ए) 1]2 किग्रा/सेमी2

बी) <u>1]5 किग्रा/सेमी2</u>

ग) 9 किग्रा/सेमी2

घ) 5]9 किग्रा/सेमी2

6] कौन सा नोजल पूरे क्षेत्र को छोटी रेंज में कवर करता है?

क) <u>ठोसशंकुनोक</u>

बी) फैन नोजल

ग) खोखले शंकु

डी) नोजल टिप

7] जंग को रोकने के लिए पावर स्प्रेयर के किस भाग का उपयोग किया जाता है?

ए) आंदोलनकारी

बी) छलनी

सी) प्राइम मूवर

घ) <u>टैंक</u>

8] तरल को वांछित स्प्रे में तोड़ने और पौधों तक पहुंचाने के लिए पावर स्प्रेयर के किस हिस्से का उपयोग किया जाता है?

अप्रत्याशित तेजी

बी) <u>नोजल</u>

सी) छलनी

घ) दबाव नापने का यंत्र

9] अल्ट्रा लो वॉल्यूम स्प्रेयर में मोटर से जुड़ी स्पिनिंग डिस्क की दर क्या है?

क) <u>4000-9000</u>

बी) 1000-3000

ग) 750-1000

घ) 10000-15000

10] दुनिया के पहले स्व-चालित स्प्रेयर का आविष्कार किसने किया?

ए) <u>रेहैगी</u>

b) एलोन मस्क

c) जॉन डीरे

d) राहेल कार्सन

11] एल्ड्रिन ________ है

ए) अकार्बनिक यौगिक

बी) स्प्रे सामग्री के रूप में तेल यौगिक

सी) <u>स्प्रेसामग्रीकेरूपमेंकार्बनिकयौगिक</u>

घ) समाधान

12] हाइड्रो-वायवीय स्प्रेयर की टैंक क्षमता लगभग ________ है

क) <u>1135] 5 लीटर</u>

बी) 2000 एल

सी) 750 एल

घ) 1000 लीटर या उससे कम

13] एक नैपसैक स्प्रेयर का उपयोग करके, एक आदमी लगभग __________ के क्षेत्र में स्प्रे कर सकता है

ए) 1 हेक्टेयर प्रति दिन

बी) 0] 75 हेक्टेयर प्रति दिन

ग) 1] 25 हेक्टेयर प्रति दिन

घ) <u>0] 4 हेक्टेयरप्रतिदिन</u>

14] डस्टर का आविष्कार किसने किया?

ए) एच] डी] नॉर्मन

बी) सी]ई] रामसेर

c) <u>सुसानहिबार्ड</u>

डी) डब्ल्यू] एच] स्लीपर

15] एक ट्रैक्टर स्प्रेयर 200 लीटर/घंटा की आवेदन दर प्राप्त करने के लिए 20 खोखले शंकु नोजल के साथ लगाया जाता है] अंशांकन परीक्षण के दौरान, नोजल प्रवाह दर 1]25 लीटर/मिनट पाया गया था, जबकि, रेटेड नोजल प्रवाह दर पाया गया था। 0 होने के लिए] 473 एल/मिनट 275 केपीए पर उपलब्ध था] यदि नोजल 1 मिलीग्राम पास्कल पर वॉल्यूम

माध्य व्यास 200 माइक्रोन के साथ बूंदों का उत्पादन करता है, तो इच्छा प्रवाह दर पर छोटी बूंद है?

क) 161 μm

बी) 164 μm

ग) 167 μm

घ) 170 μm

1] पावर टिलर एक ____________ है

ए) प्रधानघासकाटनेकीमशीन

बी) बाग घास काटने की मशीन

ग) छोटा ट्रैक्टर

d) गार्डेन ट्रैक्टर

2] निम्नलिखित में से कौन सा देश अधिक पावर टिलर का उपयोग करता है?

ए) भारत

बी) जापान

सी) रूस

घ) अमेरिका

3] भारत में पावर टिलर की शुरुआत कब हुई थी?

ए) 1963

बी) 1950

ग) 1940

घ) 1981

4] मिट्टी के तेल की संचालन शक्ति ___________ है

ए) कुबोटा

बी) कृषि

ग) इसेस्की

d) मित्सुबिशी

5] पावर टिलर में, बिजली ___________ से प्राप्त की जाती है

ए) मैं]सी] इंजन

बी) पावररिम

ग) गैसोलीन

घ) कोयला

6] पावर टिलर में, टिलिंग अटैचमेंट ______ से शक्ति प्राप्त करता है

ए) मुख्यक्लच

बी) टिलिंग क्लच

सी) पीटीओ

डी) ट्रांसमिशन गियर

7] बड़े पावर टिलर में, इस्तेमाल किए जाने वाले मुख्य क्लच का प्रकार __________ है

ए) घर्षणक्लच

बी) रबर क्लच

सी) वी-बेल्ट क्लच

घ) चमड़ा क्लच

8] पावर टिलर में, सबसे अधिक इस्तेमाल किया जाने वाला ब्रेक ___________ है

ए) आंतरिक पक्ष विस्तार प्रकार

बी) घर्षणप्रकार

सी) जूता प्रकार

घ) रबर प्लेट प्रकार

9] पावर टिलर में, स्टीयरिंग क्लच लीवर संभव है ___________

ए) दाएंऔरबाएंहैंडलकीपकड़पर

b) दाहिने हैंडल पर

ग) बाएं हैंडल पर

d) ड्राइवर सीट के सामने

10] पावर टिलर का उपयोगी जीवन ___________ है

ए) 10 साल

बी) 15 साल

सी) 5 साल

डी) 2 साल

11] ISEKI निर्मित पावर टिलर का HP ___________ है

ए) 8

बी) 7

ग) 5-7

घ) 9

12] पावर टिलर में इंजन से मुख्य क्लच तक पावर ट्रांसमिट करने के लिए इस्तेमाल की जाने वाली बेल्ट ___________ है

ए) वी-बेल्ट

बी) चमड़े की बेल्ट

सी) कैनवास बेल्ट

डी) फ्लैट बेल्ट

13] पावर टिलर में, पहिया __________ से शक्ति प्राप्त करता है

a) टिल्टिंग क्लच

बी) <u>स्टीयरिंगक्लच</u>

ग) मुख्य क्लच

घ) पीटीओ

14] पावर टिलर में, इंजन सबसे पहले __________ को पावर ट्रांसमिट करता है

ए) <u>मुख्यक्लच</u>

बी) पहिए

ग) स्टीयरिंग क्लच

डी) ट्रांसमिशन गियर

118] समाई इससे प्रभावित नहीं होती...

ए] प्लेट क्षेत्र

बी] प्लेटों के बीच की दूरी

सी] द्वंद्वात्मक सामग्री

डी] <u>आवृत्ति</u>

119] संधारित्र की समाई प्रतिक्रिया भिन्न होती है...

ए] सीधे आवृत्ति के साथ

बी] <u>आवृत्तिकेसाथविपरीत</u>

सी] सीधे लागू वोल्टेज के साथ

डी] लागू वोल्टेज के विपरीत

120] एक संधारित्र ने 3 कूलम्ब आवेश प्राप्त किया जब उस पर 6 वोल्ट लगाए गए] इसकी समाई...

ए <u>] 0] 5 फराद</u>

बी] 3 फराद

सी] 3 फराद

डी] 18 फैराड

121] एक संधारित्र 200 वोल्ट एसी लाइन से जुड़ा है, इसकी न्यूनतम वोल्टेज रेटिंग होनी चाहिए...

ए] 100 वोल्ट

बी] 200 वोल्ट

सी] <u>300 वोल्ट</u>

डी] 400 वोल्ट

122] एक ओममीटर के साथ संधारित्र का परीक्षण करते समय, मीटर कुछ प्रतिरोध को इंगित करता है] परीक्षण के तहत संधारित्र है...

ए <u>] टपकाहुआ</u>

बी] खुला

सी] अच्छा

डी] लघु

123] एक 80 माइक्रो फैराड संधारित्र के साथ श्रृंखला में जुड़े 40 माइक्रो फैराड संधारित्र की कुल धारिता है...

ए] 26] 7 माइक्रोफैराड

बी] 40 माइक्रो फैराड

सी] 60] 6 माइक्रो फैराड

डी] 120 माइक्रो फैराड

124] 3 माइक्रो फैराड कैपेसिटर के 1 माइक्रो फैराड कैपेसिटर प्राप्त करने के लिए हमें कनेक्ट करना होगा...

ए] सभी समानांतर में

बी] सभीश्रृंखलामें

सी] 2 श्रृंखला और समानांतर में एक

डी] उपरोक्त में से कोई नहीं

125] आर और सी वाले एसी श्रृंखला सर्किट में संधारित्र के माध्यम से बहने वाली धारा होगी...

ए] वोल्टेज को कम करना

बी] वोल्टेजअग्रणी

सी] वोल्टेज के साथ चरण में

डी] उपरोक्त में से कोई नहीं

126] यदि आरसी श्रृंखला सर्किट में आपूर्ति की आवृत्ति बढ़ा दी जाती है तो कैपेसिटिव रिएक्शन होगा

ए] कम

बी] वृद्धि हुई

सी] कोई प्रभाव नहीं होना

डी] उपरोक्त में से कोई नहीं

127] बिजली कंपनियां पावर फैक्टर में सुधार करने में रुचि रखती हैं

ए] लाइनकरंटकमकरें

बी] मोटर दक्षता में वृद्धि

C] वोल्ट-एम्पीयर बढ़ाएँ

डी] शक्ति में कमी

128] एक संधारित्र कनेक्ट होने पर एसी मोटर लोड के पावर फैक्टर मान को बढ़ाता है...

ए] मोटर के साथ श्रृंखला में

बी] स्टार्टर के साथ श्रृंखला में

सी] मोटरकेसमानांतर

डी] मुख्य घुमावदार के साथ श्रृंखला में

129] आम तौर पर, एक गरमागरम प्रकाश सर्किट का शक्ति कारक होता है]]

ए] 0

बी] 0] 5

सी] 0] 707

डी] 1] 0

130] जब आरएलसी श्रृंखला सर्किट में करंट को निर्धारित करने के लिए अकेले प्रतिरोध का उपयोग किया जाता है, तो सर्किट होता है...

ए] एक आगमनात्मक सर्किट

बी] एक कैपेसिटिव सर्किट

सी] एक संयोजन सर्किट

डी] एकगुंजयमानसर्किट

131] आगमनात्मक प्रतिक्रिया सीधे संबंधित है]]

ए] प्रतिरोध

बी] आवृत्ति

सी] समाई

डी] शक्ति

132] सिंक्रोनस मोटर जब पावर फैक्टर में सुधार के लिए इस्तेमाल किया जाना चाहिए...

ए] उत्साहित के तहत

बी] अतिउत्साहित

सी] भरी हुई

डी] बिना किसी भार के चल रहा है

133] एक RL समानांतर परिपथ में, कुल धारा के विरोध को कहा जाता है...

ए] प्रतिक्रिया

बी] प्रतिरोध

सी] एक वेक्टर योग

डी] प्रतिबाधा

134] एसी समानांतर आरएल सर्किट में, बिजली पर समाप्त हो जाती है

ए] प्रतिबाधा

बी] प्रतिरोध

सी] अधिष्ठापन

डी] समाई

1] मिस्टो हैंड किस स्प्रेयर का एक प्रकार है?

क) रकाब पंप प्रकार

बी) हाथपरमाणुप्रकार

ग) बाल्टी स्प्रेयर

d) बूम टाइप फील्ड स्प्रेयर

2] कौन सा स्प्रेयर ऑपरेटर के पीछे ले जाया जाता है?

क) बस्ताप्रकार

बी) रकाब पंप प्रकार

ग) रॉकेट स्प्रेयर

घ) बाल्टी स्प्रेयर

3] वेन प्रकार या प्रोपेलर प्रकार किस प्रकार के पंप हैं?

ए) पिस्टन पंप

बी) केन्द्रापसारक पम्प

ग) उच्चमात्रापंप

घ) रोटरी पंप

4] 30 लीटर/मिनट की दर से 30 किग्रा/सेमी2 दाब पर द्रव के निर्वहन के लिए आवश्यक जल शक्ति क्या होगी?

ए) 2]39 किलोवाट

बी) 9]86 किलोवाट

सी) 1]47 किलोवाट

डी) 2]08 किलोवाट

5] एक पावर स्प्रेयर की सक्शन क्षमता का पता लगाएं यदि व्यास 25 मीटर है, गति 1100 रेव/मिनट है स्ट्रोक की लंबाई 22 मिमी है, प्लंजर की संख्या 3 है]

ए) 35]61 एल/मिनट

बी) 23] 90 लीटर/मिनट

सी) 56]89 एल/मिनट

घ) 35]47 लीटर/मिनट

6] हैंड एटमाइज़र का उपयोग ________ में छिड़काव के लिए किया जाता है

ए) बाग

ख) खेत की फसल

ग) नर्सरी

घ) वन

7] जब रसायन रबर की नली से होकर गुजरता है तो दाब कहाँ कम होता है?

ए) पावर स्प्रेयर के डिस्चार्ज भाग पर

बी) नलीकेअंतमें

c) ज़ुल्फ़ प्लेट पर

d) स्प्रे गन पर

8] पंप दक्षता क्या है?

a) P]E] = वाटर हॉर्स पावर * शैफ्ट हॉर्स पावर

b) P]E] = वाटर हॉर्स पावर - शैफ्ट हॉर्स पावर

c) P]E] = वाटर हॉर्स पावर + शाफ्ट हॉर्स पावर

डी) पी]ई] = वाटरहॉर्सपावरशाफ्टहॉर्सपावर

9] स्रोत पानी की सतह से पंप के आउटपुट तक की दूरी को __________ के रूप में जाना जाता है

ए) कुलसिर

बी) क्रैंक हैंडल

सी) नोजल

डी) प्रवाह दर

10] एक पंप में, चूषण मात्रा 25 लीटर/मिनट है और पंप दक्षता 85% है] 35 किग्रा/सेमी2 के दबाव पर शाफ्ट शक्ति की गणना करें

ए) 2]65 किलोवाट

बी) 3]45 किलोवाट

ग) 1]67 किलोवाट

घ) 1]10 किलोवाट

110] ड्रिप सिंचाई में किस प्रकार के उपकरण का उपयोग किया जाता है?

ए] डिस्कफिल्टर

बी] स्क्रीन फिल्टर

सी] मीडिया फिल्टर

डी] शंक्वाकार फिल्टर

111] स्प्रिंकलर सिंचाई प्रणाली का क्या लाभ है?

ए] प्राइमिंग की आवश्यकता नहीं है

बी] एयर लॉक रिमोट की संभावना

सी] पानीकाकुशलउपयोग

डी] बड़े वितरण प्रवाह प्राप्त हुआ

112] सिंचाई प्रणाली में किस प्रकार का आपातकालीन शट-ऑफ वाल्व का उपयोग किया जाता है?

ए] गेटवाल्व

बी] दबाव रिलीज वाल्व

सी] सुई वाल्व

डी] चेक वाल्व

113] सिंचाई वाल्व का उद्देश्य क्या है?

ए] जलप्रवाहकीआपूर्तिऔरनियंत्रण

बी] निरंतर दबाव बनाए रखें

सी] पानी के प्रवाह को कम करें

डी] द्रव वापस प्रवाह को रोकें

114] अपकेंद्री पंप को रोकने से पहले डिस्चार्ज वैल्यू को क्यों बंद कर दिया जाता है?

ए] एयर लॉक को रोकें

बी] मूल्य की जांच करने के लिए क्षति को रोकें

सी] पानीकेहथौड़ेसेरोकें

डी] प्ररित करनेवाला को नुकसान को रोकें

115] सेंट्रीफ्यूगल पंप के निर्माण के दौरान नीचे और किनारों से कितना गैप बनाए रखना चाहिए?

ए] 50 सेमी

बी] 60 सेमी

सी] 80 सेमी

डी] 85 सेमी

116] मल्टी स्टेज पंपों में उपलब्ध कराए गए डिफ्यूज़र वैन का उद्देश्य क्या है?

ए] काम का दबाव बढ़ाएं

बी] दबावकासमानवितरणप्रदानकरें

सी] काम के दबाव को कम करें

डी] द्रव प्रवाह को विनियमित करें

117] सिंचाई पंप का प्रकार क्या है?

ए] सिंगलवोल्ट

बी] डबल विलेय

सी] रोटरी पंप

डी] सकारात्मक विस्थापन पंप

118] सेंट्रीफ्यूंगल पंप में प्राइम के नुकसान का क्या परिणाम होता है?

ए] दबाव बढ़ा दिया गया

बी] आउट चलो दबाव कम हो गया

सी] पंपखराबहोसकताहै

डी] पंप खराब डिलीवरी का उत्पादन करता है

119] सिंचाई में अपकेन्द्री पम्प का प्रयोग करने से क्या लाभ है?

ए] सक्शन सीमा अधिक है

बी] प्राइमिंग की आवश्यकता नहीं है

सी] <u>सरलऔरकिफायती</u>

डी] ओवर लोडिंग रोका गया

120] केन्द्रापसारक पम्प भाग का नाम क्या है?

ए] <u>सेमीओपनटाइपइम्पेलर</u>

बी] ओपन टाइप इम्पेलर

सी] बंद प्रकार प्ररित करनेवाला

डी] रेडियल प्रवाह प्ररित करनेवाला

121] सिंचाई पंप का प्रकार क्या है?

ए] रोटरी पंप

बी] <u>केन्द्रापसारकपम्प</u>

सी] वैक्यूम पंप

डी] हाइड्रोलिक पंप

122] सिंचाई का सबसे सस्ता तरीका कौन सा है?

ए] फरो सिंचाई

बी] ड्रिप सिंचाई

सी] भूजल सिंचाई

डी] <u>बाढ़सिंचाई</u>

123] सिंचाई का कौन सा स्रोत उच्च खनिज और उच्च तापमान के साथ पानी का निर्वहन करता है?

ए] धाराएं

बी] खैर

सी] <u>स्प्रिंग्स</u>

डी] झील

124] सिंचाई के किस स्रोत में औद्योगिक और कृषि अपशिष्ट जल शामिल है?

ए] <u>सतहस्रोत</u>

बी] धाराएं

सी] झील

डी] वेल्स

125] निराई का क्या फायदा है?

ए] गहरी खेती सुनिश्चित करें

बी] उथली खेती सुनिश्चित करें

सी] <u>बीजकीशुद्धताकोबनाएरखाजासकताहै</u>

डी] समय की खपत में कमी

1] हाइड्रोलिक स्प्रेयर का टैंक _________ से बना होता है

ए) <u>धातु</u>

बी) फाइबर ग्लास

ग) पॉलिथीन

डी) पीवीसी

2] हाइड्रोलिक स्प्रेयर के टैंक में, ड्रेन प्लग का कार्य ________ है

ए) स्प्रेयर दर को विनियमित करें

बी) दबाव को नियंत्रित करें

ग) <u>टैंककोसूखाऔरसाफकरें</u>

डी) नियंत्रण मात्रा

3] हाइड्रोलिक स्प्रेयर में इस्तेमाल किया जाने वाला आंदोलनकारी _________ है

क) <u>चप्पूप्रकार</u>

बी) सवार प्रकार

ग) लकड़ी के प्रकार

डी) ग्लास प्रकार

4] हाइड्रोलिक स्प्रेयर में, वायु कक्ष __________ पर प्रदान किया जाता है

ए) टैंक के ऊपर

b) <u>पंपकीडिस्चार्जलाइन</u>

ग) टैंक के नीचे

डी) ऑपरेटर सीट के पास एक फ्रेम

5] हाइड्रोलिक स्प्रेयर में, प्रेशर गेज ___________ से लैस होता है

a) टैंक के ऊपर

बी) टैंक के पास एक फ्रेम पर

ग) <u>स्प्रेयरकीडिस्चार्जलाइनपर</u>

d) टैंक के नीचे

6] हाइड्रोलिक स्प्रेयर में, कट ऑफ वाल्व का उपयोग __________ को नियंत्रित करने के लिए किया जाता है

ए) <u>उछालकेलिएप्रवाह</u>

बी) दबाव

ग) स्प्रे दर

घ) ड्रॉप आकार

7] हाइड्रोलिक स्प्रेयर में, स्ट्रेनर ________ में सुसज्जित होता है

ए) डिलीवरी लाइन

बी) सक्शनलाइन

ग) बूम

घ) टैंक

8] अधिकांश हाइड्रोलिक स्प्रेयर ________ से लैस हैं

ए) सकारात्मकविस्थापनपंप

बी) पारस्परिक पंप

ग) केन्द्रापसारक पम्प

घ) रोटरी पंप

9] हाइड्रोलिक स्प्रेयर में, सामान्य क्षेत्र में उपयोग के लिए बूम की सबसे सामान्य लंबाई _______ है

क) 16]50 वर्ग मीटर

बी) 15 एम

सी) 10 एम

घ) 6] 30 मी

10] हाइड्रोलिक स्प्रेयर में, विभिन्न ऊंचाई के पौधों पर छिड़काव के लिए ऊर्ध्वाधर समायोजन की मात्रा _______ से भिन्न होती है।

ए) 45]7 सेमी 118 एम

बी) 20-25 एम

ग) 1]5 सेमी से 3]5 मी

घ) 10-100 वर्ग मीटर

126] पावर टिलर के मुख्य क्लच लीवर, स्टीयरिंग क्लच लीवर के लिए किस प्रकार के तेल ग्रेड का उपयोग किया जाना है?

ए] एसएई 20 - 30

बी] एसएई 80 - 90

सी] एसएई 50 - 60

डी] एसएई 40 - 60

127] सामान्य रूप से पावर टिलर की गति सीमा क्या है?

ए] 4-6 आगेकीगति 1-2 पीछेकीगति

बी] 4-6 पिछड़ी गति 1-2 आगे की गति

सी] 2-8 आगे की गति 4-8 पिछड़ी गति

डी] 4-8 आगे की गति 2-8 आगे की गति

128] किस प्रकार का इंजन पावर टिलर से सुसज्जित है?

ए] पेट्रोल इंजन

बी] डीजलइंजन

सी] भाप इंजन

डी] समुद्री इंजन

129] पावर टिलर में आमतौर पर इस्तेमाल की जाने वाली हॉर्स पावर रेंज क्या होती है?

ए] 4] 5 एचपीसे 12 एचपी

बी] 5 एचपी से 10 एचपी

सी] 2 एचपी से 8 एचपी

डी] 5 एचपी से 14 एचपी

130] किस प्रकार की वीडर दोमट और रेतीली मिट्टी के लिए उपयुक्त है?

ए] स्टारटाइप

बी] खूंटी प्रकार

सी] पावर प्रकार

डी] रोटरी प्रकार

131] पार्किंग, भंडारण और वीडर शुरू करते समय गियर की अनुशंसित स्थिति क्या है?

ए] कम 1

बी] कम 2

सी] कम - तटस्थ

डी] कम रिवर्स

132] वीडर किस प्रकार का होता है?

ए] स्टार टाइप वीडर

बी] पेगटूथवीडर

सी] पावर वीडर

डी] रोटरी टाइप वीडर

133] वीडर किस प्रकार का होता है?

ए] स्टारटाइपवीडर

बी] खूंटी प्रकार वीडर

सी] पावर टाइप वीडर

डी] रोटरी टाइप वीडर

134] अनियमित खेत में कौन सी जुताई विधि लागू की जा सकती है?

ए] रिटर्न टिलिंग विधि

B] सर्कुलरट्रेवलटिलिंगमेथड

सी] प्लेस टिलिंग विधि

डी] वैकल्पिक जुताई विधि

135] पावर टिलर के गियर बॉक्स में स्नेहन तेल परिवर्तन की आवृत्ति क्या है?

ए] 5000 बजे

बी] 500 घंटे

सी] 1000 बजे

डी] 1500 बजे

136] एसी मोटर में किस प्रकार की सर्विसिंग की जाती है?

ए] असरकीजगह

बी] स्नेहन असर

सी] असर की सफाई

डी] असर ग्रीसिंग

137] डिवाइस का नाम क्या है?

ए] गिलहरी पिंजरे मोटर

बी] असर खींचने वाला

सी] डी] ओ] एल] स्टार्टर

डी] स्टार्टर मोटर माउंटिंग

138] फसल सुरक्षा उपकरण का प्रकार क्या है?

ए] स्प्रेयर

बी] खुदाई करने वाला

सी] पावरडस्टर

डी] हार्वेस्टर

139] स्प्रे आवेदन दर की गणना के लिए किस सूत्र का उपयोग किया जाता है?

ए] लीटर / (घंटे x क्षेत्र)

बी] घंटा / (लीटर x क्षेत्र)

सी] क्षेत्र/(घंटे x लीटर)

डी] (लीटर x क्षेत्र)/घंटे

140] स्प्रेयर का प्रकार क्या है?

ए] बस्तास्प्रेयर

बी] फुट स्प्रेयर

सी] बाल्टी स्प्रेयर

डी] घुमाव स्प्रेयर

141] कौन सा स्प्रेयर खुद की बिजली इकाई द्वारा संचालित होता है?

ए] बस्ता स्प्रेयर

बी] बाल्टी स्प्रेयर

सी] सेल्फप्रोपेल्डस्प्रेयर

डी] घुमाव स्प्रेयर

142] स्प्रेयर का प्रकार क्या है?

ए] बाल्टी स्प्रेयर

बी] घुमावस्प्रेयर

सी] स्व-चालित स्प्रेयर

डी] फुट स्प्रेयर

143] एसी गिलहरी केज मोटर की सर्विसिंग करते समय रोटर के बेयरिंग के अनुचित दबाव से कैसे बचें?

ए] हाथसेपकड़ो

बी] वाइस द्वारा पकड़ो

सी] क्लैंप द्वारा पकड़ो

डी] जैक द्वारा पकड़ो

144] बकेट स्प्रेयर में हाइड्रोलिक पम्प कैसे रखा जाता है?

ए] पैरआरामसे

बी] पंप बैरल द्वारा

सी] पंप हैंडल द्वारा

डी] प्लेट फॉर्म द्वारा

145] एसी मोटर्स के बियरिंग्स की दौड़ में निर्माता द्वारा ग्रीस पैकिंग का अनुशंसित प्रतिशत क्या है?

ए] 75%

बी] 80%

सी] 65%

डी] 90%

146] सर्विसिंग के दौरान एसी मोटर की वाइंडिंग में क्या चेक करना होता है?

ए] सूखेसोल्डर, औरइन्सुलेशनकीजांचकरें

बी] घुमावदार के बीच ग्रीस की जांच करें

सी] घुमावदार की मोटाई की जांच करें

डी] घुमावदार में पानी की उपस्थिति की जांच करें

147] एसी मोटर सर्विसिंग के दौरान रोटर के लिए शाफ्ट की स्थिति का पुनर्संरेखण क्यों आवश्यक है?

ए] क्षतिग्रस्त इन्सुलेशन के कारण

बी] शुष्क सोल्डर के कारण

C] रोटरलॉकपायागया

डी] अपर्याप्त स्नेहन

] O] L स्टार्टर में रोटर की वास्तविक गति की जांच करने के लिए किस उपकरण का उपयोग किया जाता है ?

ए] मैनोमीटर

बी] टैकोमीटर

सी] हाइड्रोमीटर

डी] वोल्टमीटर

149] मोटर के चालू न होने का क्या कारण है?

ए] दोषपूर्ण असर

बी] कमवोल्टेज

सी] अत्यधिक भरी हुई

डी] असर का गलत आकार

150] मोटर चालू होने का क्या कारण है लेकिन लोड साझा नहीं करता है?

ए] कमआवृत्ति

बी] कम वोल्टेज

सी] ओपन सर्किट स्टेटर

डी] कठोर असर

151] प्रेरण मोटर में फ्यूज के गलत आकार का क्या प्रभाव होगा?

ए] मोटर का अधिक गरम होना

बी] मोटर तारांकित करने में विफल रहता है

सी] मोटरफ़्यूज़बंदकरदेताहै

डी] मोटर शुरू होती है लेकिन लोड साझा नहीं करती है

152] बस्ता स्प्रेयर में दिए गए आंदोलक का उद्देश्य क्या है?

ए] वेग बढ़ाएं

बी] एक समान स्प्रे सुनिश्चित करें

सी] निलंबनमेंकणकोबसनेकेलिएरोकें

डी] तरल में धूल को छान लें

153] डस्टर का उद्देश्य क्या है?

ए] फसल उत्पादन बढ़ाएँ

बी] फसलमेंकीड़ोंकोनियंत्रितकरें

सी] मच्छर को नियंत्रित करें

डी] निराई नियंत्रण

154] डस्टर में कीटनाशक के लिए किस प्रकार के नोज़ल का उपयोग किया जाता है?

ए] कट प्रकार

बी] सुई प्रकार

सी] शंकुप्रकार

डी] शंक्वाकार प्रकार

155] डस्टर में प्रयुक्त कट टाइप नोजल का उद्देश्य क्या है?

ए] शादनाशीकेलिए

बी] कीटनाशक के लिए

सी] मच्छर के लिए

डी] उर्वरक के लिए

156] खेत की फसलों पर छोटे और बड़े पैमाने पर छिड़काव के लिए किस प्रकार के स्प्रेयर का उपयोग किया जाता है?

ए] बाल्टी स्प्रेयर

बी] घुमावस्प्रेयर

सी] पावर संचालित स्प्रेयर

डी] बेहतर संचालित स्प्रेयर

157] ट्रैक्टर पर लगे स्प्रेयर को कैसे ड्राइव मिलता है?

ए] पी] टी] हेइंजनकाशाफ्ट

बी] क्लच शाफ्ट

सी] कैम शाफ्ट

डी] फ्लाई व्हील

158] रीपर की कटर बार बनाने के लिए किस सामग्री का उपयोग किया जाता है?

ए] माइल्ड स्टील

बी] कच्चा लोहा

सी] उच्चग्रेडस्टील

डी] मध्यम कार्बन स्टील

159] हाथ से फसल की कटाई के लिए किस उपकरण का उपयोग किया जाता है?

ए] दरांती

बी] रीपर

सी] घास काटने की मशीन

डी] गठबंधन

160] रीपर कम बाइंडर में किस उपकरण का उपयोग किया जाता है?

ए] पिंजरे का पहिया

बी] ढलानखिलाना

सी] फसल विभाजक

डी] कटर बार

161] थ्रेशर का प्रकार क्या है?

ए] धान थ्रेशर
बी] मूंगफली का थ्रेशर
सी] मक्का थ्रेशर
डी] सूरजमुखीथ्रेशर

162] थ्रेशर का नाम क्या है?
ए] सूरजमुखी थ्रेशर
बी] मूंगफली का थ्रेशर
सी] मक्काथ्रेशर
डी] धान थ्रेशर

163] थ्रेशर का प्रकार क्या है?
ए] धानथ्रेशर
बी] मल्टी क्रॉप थ्रेशर
सी] सूरजमुखी थ्रेशर
डी] मूंगफली का थ्रेशर

164] कृषि उपकरण किस प्रकार के होते हैं?
ए] एकपंक्तिआलूखोदनेवाला
बी] मूंगफली खोदने वाला
सी] कृषि रीपर
डी] कम्बाइन हार्वेस्टर

165] कृषि उपकरण का क्या नाम है?
ए] आलू खोदने वाला
बी] मूंगफलीखोदनेवाला
सी] रोटरी हार्वेस्टर
डी] कम्बाइन हार्वेस्टर

166] डिवाइस का नाम क्या है?
ए] बैट टाइप टाई
बी] संयुक्त बल्ले और समय प्रकार
सी] फीडर कन्वेयर
डी] पिकअपप्रकाररील

167] कंबाइन हार्वेस्टर पार्ट का क्या नाम है?
ए] कोण बार सिलेंडर
बी] रास्प बार सिलेंडर
सी] रियर बीटर
डी] स्पाइकटूथसिलेंडर

168] कंबाइन हार्वेस्टर में प्रयुक्त होने वाले उपकरण का नाम क्या है?

ए] फ़ीड कन्वेयर

बी] डगमगाने की थाली

सी] ऑगरे

डी] पिकअप प्रकार रील

169] बोले डस्टर कंटेनर की क्षमता क्या है?

ए] 2] 5 किलो से 5] 0 किलो

बी] 1 किलो से 3] 2 किलो

सी] 30 ग्रामसे 500 ग्राम

डी] 780 ग्राम से 900 ग्राम

170] कंबाइन हार्वेस्टर का संयोजन क्या है?

ए] रीपर, डस्टर, स्प्रेयर

बी] रीपर, थ्रेशर, विनोवर

सी] डिगर, थ्रेशर, स्प्रेयर

डी] बरमा, खुदाई करने वाला, काटने वाला

171] कंबाइन हार्वेस्टर में किस प्रकार के सिलेंडर का उपयोग किया जाता है?

ए] स्पाइक टूथ

बी] कोण बार

सी] रास्प/बारसिलेंडर

डी] अवतल दांत

172] थ्रेशर का प्रकार क्या है?

ए] धान थ्रेशर

बी] मक्का थ्रेशर

सी] अक्षीयप्रवाहग्राउंडनटथ्रेशर

डी] सब्जी थ्रेशर

173] कंबाइन हार्वेस्टर में कुल अनाज के नुकसान में वृद्धि का क्या कारण है?

ए] आगे की गति में कमी

बी] परालीकीऊंचाईमेंकमी

सी] अवतल निकासी में कमी

D] फसलों में नमी की मात्रा अधिक होती है

174] कंबाइन हार्वेस्टर का मुख्य कार्य क्या है?

ए] थ्रेसिंग

बी] टिलिंग

सी] गहरी खेती

डी] निराई

175] अनाज की फसल काटने के लिए किस मशीन का उपयोग किया जाता है?

ए] <u>रीपर</u>

बी] गठबंधन

सी] घास काटने की मशीन

डी] विंडरोवर

176] हार्वेस्टिंग मशीन द्वारा पंक्ति में छोड़ी गई सामग्री का नाम क्या है?

ए] स्वाथ

बी] <u>ठूंठ</u>

सी] स्ट्रॉ

डी] गठबंधन

177] रीपर के कामकाज में संरेखण क्या है?

ए] कटर बार क्षैतिज तल में होना चाहिए

बी] <u>कटरबारऔरपिटमैनएकहीऊर्ध्वाधरविमानमेंहोनाचाहिए</u>

सी] पिटमैन लंबवत विमान में होना चाहिए

डी] कटर बार ऊर्ध्वाधर विमान में होना चाहिए

178] रीपर के उचित कामकाज के लिए दो समायोजन क्या हैं?

ए] <u>पंजीकरण, संरेखण</u>

बी] पंजीकरण, भत्ता

सी] संरेखण, निकासी

डी] निकासी, भत्ता

179] जब थ्रेशर से बीज को अधिक नुकसान होता है?

ए] <u>गतिमेंवृद्धिहुई</u>

बी] निकासी में वृद्धि हुई

सी] फ़ीड दर कम हो जाती है

डी] गति कम हो जाती है

180] बेहतर थ्रेसिंग के लिए फसल में नमी की मात्रा क्या है?

ए] 5 - 10%

बी] <u>12 - 15%</u>

सी] 15 - 20%

डी] 20 - 30%

181] थ्रेशर में टूटे अनाज की खराबी को कैसे दूर करें?

ए] <u>गतिकमकरेंऔरनिकासीसमायोजितकरें</u>

बी] गति बढ़ाएं और निकासी समायोजित करें

सी] केवल सूखी फसलों का प्रयोग करें

D] ऊपरी छलनी को साफ करें

182] हार्वेस्टर में टूटे अनाज की खराबी को कैसे ठीक करें?

ए] सिलेंडर की गति बढ़ाएं

बी] बेलनाकार अवतल के बीच निकासी घटाएं

सी] <u>सिलेंडरकीगतिकमकरें</u>

डी] काटने की गति बढ़ाएं

183] किस प्रकार का थ्रेशर लकड़ी के खांचे पर लगे हुए संतुलित सिलेंडर और थ्रेशिंग दांत के साथ प्रदान किया जाता है?

ए] सूरजमुखी थ्रेशर

बी] <u>धानथ्रेशर</u>

सी] मल्टी क्रॉप थ्रेशर

डी] मक्का थ्रेशर

184] एक्सियल फ्लो वेजिटेबल थ्रेशर में घूर्णन स्क्रीन मेश ड्रम का व्यास क्या है?

ए] <u>1] 5 से 1] 7 मीटर</u>

बी] 1] 8 से 2] 2 मीटर

सी] 1] 7 से 2] 2 मीटर

डी] 1] 6 से 1] 9 मीटर

185] बहुत से बिना थ्रेशेड सिरों के दोष को कैसे दूर किया जाए?

ए] अवतल निकासी बढ़ाएं

बी] <u>अवतलनिकासीघटाएं</u>

सी] ड्रम की गति कम करें

D] ऊपरी छलनी को साफ करें

186] थ्रेशर के कार्य में पंखे की कम गति का क्या प्रभाव होगा?

ए] पूंछ के साथ अनाज

बी] थ्रेशर में कंपन

C] <u>भूसाअनाजकेसाथआताहै</u>

D] अनाज टूट जाता है

187] थ्रेशर में भूसे से वार करने वाले अनाज के दोष को कैसे दूर करें?

ए] पंखे की गति बढ़ाएँ

बी] ड्रम की गति बढ़ाएं

सी] अच्छी तरह से सूखे फसल का प्रयोग करें

डी] <u>छलनीकेछेदकोसाफकरें</u>

188] थ्रेशर के ड्रम में रुकावट का क्या कारण है?

ए] ड्रम की उच्च गति

बी] उच्च प्रशंसक गति

सी] फसलनमहै

डी] कम अवतल निकासी

189] कंबाइन हार्वेस्टर की कटिंग सिस्टम में फंक्शन ऑगर क्या है?

A] भूसी का मिश्रण लीजिए

B] कटर बार से फसल लेता है

ग) कटीहुईफसलकोकुंडकेबीचमेंखींचो

डी] खाली भूसे को फर्श पर ले जाएं

190] कंबाइन हार्वेस्टर में स्ट्रॉ वॉकर कहाँ लगे होते हैं?

ए] कैम शाफ्ट

बी] क्रैंकशाफ्ट

सी] क्लच शाफ्ट

डी] सिलेंडर हेड पर

191] कंबाइन हार्वेस्टर का क्या लाभ है?

ए] कटाईऔरथ्रेसिंगकीलागतबचाताहै

बी] कम प्रारंभिक लागत

सी] बेरोजगारी कम करें

डी] रखरखाव आसान है

192] कंबाइन हार्वेस्टर में गेहूं की फसल के लिए ड्रम गति क्या है?

ए] 900 - 1000 आरपीएम

बी] 800 - 1200 आरपीएम

सी] 1200 - 1500 आरपीएम

डी] 1150 - 1450 आरपीएम

193] गेहूं की फसल के लिए कंबाइन हार्वेस्टर में किस प्रकार के सिलेंडर का उपयोग किया जाता है?

ए] स्पाइक टूथ सिलेंडर

बी] कोण बार सिलेंडर

सी] प्रतिक्रिया / बारसिलेंडर

डी] अवतल दांतेदार सिलेंडर

194] कंबाइन हार्वेस्टर में इंजन के तापमान में वृद्धि के कारण अचानक ठंडा पानी भरने का क्या प्रभाव होगा?

ए] सिलेंडरहेडऔरसिलेंडरब्लॉकक्रैकहोसकताहै

बी] इंजन का तापमान गिर जाएगा

सी] इंजन के प्रदर्शन में सुधार हुआ

डी] स्नेहन समारोह में सुधार हुआ

195] कंबाइन हार्वेस्टर में केवल चावल या सोयाबीन के लिए किस प्रकार के सिलेंडर का उपयोग किया जाता है?

ए] रास्प बार

बी] स्पाइकटूथ

सी] कोण बार

डी] अवतल प्रकार

196] विनोवर का मुख्य कार्य क्या है?

ए] अनाज से धूल हटा दें

बी] अनाजकोभूसेसेअलगकरें

सी] फसलों की थ्रेसिंग

D] कटी हुई फसलों को बीच में लाएं

197] रीपर से पिंजरे के पहिये को हटाने के लिए किस उपकरण का उपयोग किया जाता है?

ए] पिन रिंच

बी] स्पैनर

सी] छेनी और हथौड़ा

डी] आम स्क्रू ड्राइवर

198] कटाई के उपकरण का क्या नाम है?

ए] आयताकार बेलर

बी] हाइड्रोलिक टिपिंग ट्रेलर

सी] भूसी विभाजक

डी] स्ट्रॉहेरेकर

199] उपकरण का प्रकार क्या है?

ए] पावर चैफ कटर

बी] मैनुअलचैफकटर

सी] वायवीय भूसा कटर

डी] यांत्रिक भूसा कटर

200] मोटर चालित डायरेक्ट कपल्ड हैमर मिल में X के रूप में चिह्नित भाग का नाम क्या है?

एक स्क्रीन

बी] दस्ता

सी] धातु जाल

डी] प्लेटपहनें

201] कृषि उपकरण का क्या नाम है?

ए] आलू खोदने वाला

बी] हैमरमिल

सी] मूंगफली खोदने वाला

डी] कम्बाइन हार्वेस्टर

202] योजनाबद्ध आरेख में किस प्रकार का बल दर्शाया गया है?

ए] कंप्रेसिव

बी] एट्रिशन

सी] प्रभाव

डी] कट

203] योजनाबद्ध आरेख में किस प्रकार के बल को दर्शाया गया है?

एक चोट

बी] कंप्रेसिव

सी] प्रभाव

डी] एट्रिशन

204] दीवारों के भीतर एक पॉलीथिन फिल्म के साथ मिट्टी या ईंटों से कौन सी भंडारण संरचना बनी है?

ए] पूसाबिन

बी] पीएवी बिन

सी] हापुड़ टेकका

डी] सिलोस

205] हैमर मिल फंक्शन में कटिंग फोर्स लगाने के लिए किस उपकरण का उपयोग किया जाता है?

ए] रोटरीचाकूकटर

बी] डिस्क एट्रिशन मिल

सी] हैमर मिल

डी] क्रशिंग रोल

206] नटक्रैकर के लिए किस उपकरण का उपयोग किया जाता है?

ए] हैमर मिल

बी] कैंची

सी] क्रशिंगरोल

डी] फ़ाइल

207] हैमर मिल का मूल कार्य क्या है?

ए] छोटे कण से बड़ा कण उत्पन्न करें

बी] <u>बड़ेकणसेछोटेकणउत्पन्नकरें</u>

सी] अनाज की सतह को साफ करें

डी] अनाज की भूसी निकालें

208] चावल की पतवार का उद्देश्य क्या है?

A] खेत को तेजी से साफ करता है

बी] अनाज को डंठल से अलग करें

ग) <u>चावलकेदानोंकीभूसीहटादें</u>

डी] अनाज को साफ करें

209] भूमिगत भंडारण का क्या लाभ है?

ए] <u>चोरी, बारिश, हवाजैसेखतरोंसेसुरक्षित</u>

बी] बिना किसी कठिनाई के भेजा गया

सी] लोड करने या लोड करने में आसान

D] अनाज में पसीना नहीं आता

210] गैल्वेनाइज्ड धातु लोहे की संरचना के साथ कौन सी लघु भंडारण संरचना प्रदान की जाती है?

ए] पूसा बिन

बी] <u>पीएयूबिन</u>

सी] हापुड़ टेकका

डी] सिलोस

211] चावल के हलर घटक का नाम क्या है?

ए] चोकर हटानेवाला

बी] रबर रोल धान की भूसी

सी] <u>रबड़रोलभूसीकेसाथभूसीएस्पिरेटर</u>

डी] डीहस्कर

212] हैमर मिल में X के रूप में चिह्नित भाग का नाम क्या है?

ए] रोटर

बी] हथौड़ा

सी] <u>निर्वहनपाइप</u>

डी] फैन

213] कटाई के बाद के उपकरण किस प्रकार के होते हैं?

ए] क्रशिंग रोल

बी] डिस्क एट्रिशन मिल

सी] <u>डायरेक्टकपल्डहैमरमिल</u>

डी] रोटरी चाकू कटर

214] डेस्टोनर का क्या उपयोग है?

ए] <u>चावलकेदानेसेपत्थरोंकोअलगकरें</u>

बी] धान की भूसी हटा दें

सी] अलग भूसी

डी] अपरिपक्व अनाज निकालें

215] चावल की पतवार में रबर रोल धान की भूसी का क्या फायदा है?

ए] अनाज को पॉलिश करना

बी] <u>अनाजकेटूटनेकोकमकरें</u>

ग) अनाज से चोकर की परत हटा दें

डी] टूटे हुए अनाज को अलग करें

216] उष्ण कटिबंधीय देशों में जड़ उत्पादों पर दबाव डालने के लिए उपयोग की जाने वाली सामान्य सुखाने की विधि कौन सी है? ए] <u>धूपमेंसुखानेकीविधि</u>

बी] गर्म हवा सुखाने की विधि

सी] कृत्रिम सौर ड्रायर

डी] वैक्यूम सुखाने की विधि

217] हथौड़ा चक्की का उद्देश्य क्या है?

ए] खरपतवार निकालना

बी] <u>मृदुसामग्रीकेआकारकोकमकरें</u>

सी] पुआल या घास काटना

डी] मूंगफली खोदना

218] हथौड़ा चक्की में किस प्रकार का बल प्रयोग किया जाता है?

ए] <u>प्रभाव</u>

बी] कंप्रेसिव

सी] एट्रिशन

डी] कट

219] ऑपरेटर मैनुअल को बनाए रखने के लिए कौन जिम्मेदार है?

ए] ऑपरेटर

बी] कार्यशाला प्रभारी

सी] <u>उपकरणकामालिक</u>

डी] ग्राहक

220] किस प्रकार के कंबाइन हार्वेस्टर में ट्रैक्टर से जुड़ा अलग इंजन होता है?

A] सेल्फ प्रोपेल्ड हार्वेस्टिंग कंबाइन

बी] <u>सहायकइंजनकेसाथखींचाहुआप्रकार</u>

सी] पुल टाइप हार्वेस्टिंग कंबाइन

D] सेमी प्रोपेल्ड हार्वेस्टिंग कंबाइन

221] साइलो की भंडारण क्षमता क्या है?

ए] 20000 टन

बी] 15000 टन

सी] 25000 टन

डी] 30000 टन

222] कौन-सी भंडारण संरचना बड़े पैमाने पर किफायती है?

ए] पीएयू बिन

बी] सिलोस

सी] सीएपीभंडारण

डी] पूसा बिन

223] फॉर्म रिकॉर्ड कीपिंग में आपको वाहन पंजीकरण संख्या कहां मिलेगी?

ए] लॉगबुक

बी] सेवा मैनुअल

सी] ऑपरेशन मैनुअल

डी] निर्माता मैनुअल

224] पोखर का उद्देश्य क्या है?

ए] मिट्टी की नमी का संरक्षण

B] बीज की शुद्धता बनी रहे

ग) धानकेखेतकीजुताई

डी] ड्रिप सिंचाई के लिए प्रयुक्त

225] धान के खेत को गीला करने के लिए किस प्रकार की जुताई विधि का उपयोग किया जाता है?

ए] रिटर्न टिलिंग विधि

B] सर्कुलर ट्रेवल टिलिंग मेथड

सी] वैकल्पिकजुताईविधि

डी] सतत जुताई विधि

226] पॉवर टिलर में कंट्रोल लीवर और स्विच कहाँ स्थित होते हैं?

ए] हैंडलकेपास

बी] चेसिस पर

सी] इंजन माउंटिंग के पास

डी] सेवन प्रणाली के पास

227] पावर टिलर में मुख्य क्लच लीवर को 'ऑफ' स्थिति में ले जाने पर क्या प्रभाव पड़ता है?

ए] <u>ड्राइविंगपावरइंजनसेकटजातीहै</u>

B] गति परिवर्तन लीवर तटस्थ" पर आ जाता है

सी] ब्रेक ऑपरेटिंग लीवर नहीं चलेगा

डी] रोटरी गति परिवर्तन लीवर कम गति पर चलता है

228] कंबाइन हार्वेस्टर में रील का क्या कार्य है?

ए] <u>उद्देश्यकोरकटरकीओर</u>

बी] ढीली घास उठाता है

C] कटी हुई घास को फैलाने के लिए

डी] ठोस पदार्थों के आकार को कम करें

229] आदर्श अनाज भंडारण संरचना की क्या आवश्यकता है?

ए] यह किफायती होना चाहिए

बी] यह शॉक प्रूफ होना चाहिए

सी] <u>यहपानीऔरनमीसबूतहोनाचाहिए</u>

डी] यह स्टैंड तापमान भिन्नता के साथ होना चाहिए

औद्योगिक प्रशिक्षण संस्थान

मासिक टेस्ट-1, अंक- 20, दिनांकः- ____________________

(प्रत्येक प्रश्न दो अंक का होता है)

52] कौन सा पावर सिस्टम पोस्ट होल डिगर को चलाता है?

ए] हाइड्रोलिक सिस्टम

बी] वायवीय प्रणाली

सी] यांत्रिक प्रणाली

डी] विद्युत प्रणाली

53] पोस्ट होल डिगर का क्या उपयोग है?

ए] बाड़ पदों के लिए कई छेद खोदें

बी] गहरी खेती

ग] पंक्ति वाहिनी के बीच मिट्टी की जुताई

डी] खेतों की ग्रेडिंग और समतलन

54] कृषि कार्यान्वयन का नाम क्या है?

ए] खुरचनी

बी] कीट छेद खोदने वाला

सी] कल्टीवेटर

डी] डम्पर

55] किस कृषि उपकरण का उपयोग रफ लेवलिंग और ऊँचे स्थानों को काटने के लिए किया जाता है?

ए] खुरचनी

बी] डम्पर

सी] लेवलर

डी] खुदाई करने वाला

56] खुरचनी का उपयोग क्या है?

ए] मिट्टी को एक स्थान से दूसरे स्थान पर लोड करना और उतारना

बी] गहरी खेती

ग] पंक्ति वाहिनी के बीच मिट्टी की जुताई

D] मेड़ों को तोड़कर भूमि तैयार करें

57] कृषि का कार्यान्वयन किस प्रकार का है?

ए] खुरचनी

बी] डम्पर

सी] लेवलर

डी] कल्टीवेटर

1] बीज बोने की किस प्रक्रिया में बीजों को सीड बेड में बने गड्ढों में डालकर ढककर रख दिया जाता है?

ए) प्रसारण

बी) प्रत्यारोपण

ग) डबिंग

घ) ड्रिलिंग

2] निम्न में से कौन सी ड्रिलिंग का एक प्रकार नहीं है?

क) हल के पीछे बुवाई

ख) बैल से तैयार बीज अभ्यास

ग) ट्रैक्टर से तैयार बीज अभ्यास

d) पंक्ति रोपण की जाँच करें

3] किस बीज मीटरिंग तंत्र में, फीड व्हील को महीन और मोटे रिब्ड फ्लैंग्स के साथ प्रदान किया जाता है?

ए) आंतरिक डबल रन प्रकार

बी) फ्लुटेड फ़ीड प्रकार

सी) सेल फ़ीड तंत्र

डी) ब्रश फ़ीड तंत्र

4] 5*22 सेमी आकार की बैल-चालित सीड ड्रिल के साथ एक हेक्टेयर भूमि में बोने की लागत की गणना करें] बैलों की गति 3 किमी/घंटा है] बैलों का किराया शुल्क? 100/- प्रति जोड़ी, सीड ड्रिल का किराया प्रभार है ? 50/- प्रति दिन और ऑपरेटर की मजदूरी? 100/- प्रति दिन 8 घंटे]

एक) ? 84]88

बी) ? 94]68

सी) ? 110]90

डी) ? 34]29

औद्योगिक प्रशिक्षण संस्थान

मासिक टेस्ट -2, अंक- 20, तिथिः- ______________

(प्रत्येक प्रश्न दो अंक का होता है)

5] एक फ्लुटेड फीड सीड ड्रिल में सिंगल डिस्क प्रकार के आठ फ़रो ओपनर्स होते हैं] फ़रो ओपनर्स को 25 सेंटीमीटर की दूरी पर रखा जाता है और मुख्य ड्राइव व्हील का व्यास 120 सेमी होता है] सीड ड्रिल होने पर मेन ड्राइव व्हील के कितने मोड़ होंगे एक हेक्टेयर क्षेत्र को कवर किया?

क) 1333]3

बी) 1666] 6

सी) 1999]9

घ) 1234]5

6] बुवाई के लिए आवश्यक समय की गणना करें 1] 6 हेक्टेयर भूमि में पांच खांचे वाली सीड ड्रिल 12] 5 सेमी गहरी] सीड ड्रिल की गति 3] 2 किमी/घंटा है और सीड ड्रिल पर मिट्टी द्वारा लगाया गया दबाव 0 है।]42 किग्रा/सेमी2] कुंड खोलने वालों के बीच की जगह 10 सेमी है और मोड़ में नुकसान 10% है]

ए) 21]07 बजे

बी) 9]87 बजे

ग) 2]34 घंटे

घ) 11]11 बजे

7] एक 7*17 सेमी सीड ड्रिल की बीज दर/हेक्टेयर की गणना करें, जिसका मुख्य ड्राइव व्हील 124 सेमी व्यास है और 20 चक्करों में एकत्र किए गए अनाज का कुल वजन 0]423 किग्रा]

ए) 45] 58 किलो

बी) 54]34 किलो

सी) 90 किलो

डी) 23]78 किलो

8] मक्के की अधिकतम उपज 40000 पौधों की प्रति हेक्टेयर की आबादी के साथ प्राप्त की जाती है] पंक्तियों में 140 सेमी की दूरी होती है और 85% के औसत उभरने की उम्मीद होती है] यदि पहाड़ियों की दूरी 140 सेमी है तो प्रति पहाड़ी कितने बीज लगाए जाने चाहिए?

ए) 9

बी) 2

ग) 10

घ) 11

9] एक ऊर्ध्वाधर घूर्णन डिस्क की परिधि पर किस बीज मीटरिंग तंत्र में चम्मच के कप होते हैं?

ए) कप फ़ीड तंत्र

बी) सेल फ़ीड तंत्र

ग) ब्रश फ़ीड तंत्र

डी) पिकर व्हील तंत्र

10] मालोबंसा का प्रयोग किस विधि द्वारा किया जाता है?

ए) प्रत्यारोपण

ख) बीज हल के पीछे गिरना

ग) पंक्ति रोपण की जाँच करें

d) हिल ड्रॉपिंग

1] निम्नलिखित में से कौन एक प्रकार का कुंड खोलने वाला नहीं है?

ए) फावड़ा प्रकार

बी) जूता प्रकार

ग) डिस्क प्रकार

डी) ब्रश फ़ीड प्रकार

58] लेवलर के ब्लेड को बनाने के लिए किस सामग्री का उपयोग किया जाता है?

ए] उच्च कार्बन स्टील

बी] मध्यम कार्बन स्टील

सी] कम कार्बन स्टील

डी] दाग रहित स्टील

59] खेत में पानी के समान वितरण के लिए किस कृषि उपकरण का उपयोग किया जाता है?

ए] खुरचनी

बी] डम्पर

सी] लेवलर

डी] टिलर

60] मिट्टी बनाने के उपकरण का क्या नाम है?

ए] डम्पर

बी] लेवलर

सी] खुरचनी

डी] छेद खोदने वाला

औद्योगिक प्रशिक्षण संस्थान

मासिक टेस्ट-3, अंक- 20, दिनांक:- ____________________

(प्रत्येक प्रश्न दो अंक का होता है)

61] ट्रेंचर्स का क्या उपयोग है?

ए] पाइप बिछाना और सुरंग बनाना

बी] गहरी खेती

सी] मिट्टी की लोडिंग और अनलोडिंग

डी] बरमा से कीचड़ साफ करें

62] डिचर के गियर बॉक्स यूनिट और ट्रांसमिशन यूनिट में आवधिक तेल परिवर्तन क्या है?

ए] 30 बजे

बी] 50 घंटे

सी] 60 घंटे

डी] 80 घंटे

63] फरो ओपनर किस प्रकार का होता है?

ए] सिंगल डिस्क ओपनर

बी] डबल डिस्क प्रकार

सी] कुदाल प्रकार

डी] जूता प्रकार

64] कुंड खोलने का उद्देश्य क्या है?

ए] बीज को मशीन में स्टोर करने के लिए प्रयुक्त होता है

B] मिट्टी में एक समान गहराई पर कुंड खोलें

सी] गहरी खेती के लिए प्रयुक्त

डी] बीजों का एक समान फैलाव

65] उर्वरक एप्लीकेटर का कौन सा भाग बुवाई में उच्च स्तर की एकरूपता सुनिश्चित करता है?

ए] सर्पिल ट्यूब

बी] रबर ट्यूब

सी] पॉलिथीन ट्यूब

डी] टेलीस्कोपिक ट्यूब

66] उर्वरक एप्लीकेटर में पॉलिथीन या रबर ट्यूब का उपयोग करने से क्या लाभ है?

ए] क्लॉगिंग और चोकिंग का आसानी से पता लगाया जा सकता है

बी] उपयोग में लचीलापन

सी] आसान हैंडलिंग

डी] वजन में कमी

67] उर्वरक एप्लीकेटर में दाँतेदार डिस्क का क्या लाभ है?

ए] गुरुत्वाकर्षण प्रवाह उर्वरक को रोकें

बी] निरंतर गति बनाए रखें

ग) उर्वरक के छोटे-छोटे गुच्छों को कुचलना

डी] उर्वरक का एक समान प्रसार प्रदान करें

68] fetilizer applicator में डिवाइस का नाम क्या है?

ए] स्पर व्हील

बी] ग्राउंड व्हील

सी] स्टार व्हील

डी] दाँतेदार डिस्क

69] उर्वरक एप्लीकेटर का स्पर व्हील नॉच से अधिक चौड़ा क्यों होता है?

ए] आराम से उर्वरक के गुरुत्वाकर्षण प्रवाह को रोकें

बी] उर्वरक का एक समान प्रवाह प्रदान करें

सी] स्पर व्हील को अटकने से रोकें

डी] स्पर व्हील की गति बढ़ाएं

70] फ़ेटिलाइज़र मीटरिंग डिवाइस का स्पर व्हील बनाने के लिए किस सामग्री का उपयोग किया जाता है?

ए] कैस्टिरोन

बी] उच्च कार्बन स्टील

सी] एल्यूमिनियम कास्टिंग

डी] स्टेनलेस स्टील

औद्योगिक प्रशिक्षण संस्थान

मासिक टेस्ट -4, अंक- 20, दिनांक:- ______________

(प्रत्येक प्रश्न दो अंक का होता है)

2] निम्नलिखित में से कौन फावड़ा का एक प्रकार नहीं है?

ए) प्रतिवर्ती

बी) भाला बिंदु

सी) पारस्परिक शक्ति

घ) एकल बिंदु

3] जूता प्रकार के फरो की न्यूनतम कार्बन सामग्री और मोटाई क्या है?

ए) 0] 5% और 4 मिमी

बी) 0] 5% और 2 मिमी

सी) 0]2% और 4 मिमी

डी) 0] 8% और 8 मिमी

4] डिस्क प्रकार के फरो ओपनर में बीज और उर्वरक ट्यूब का न्यूनतम व्यास क्या है?

ए) 30 मिमी

बी) 45 मिमी

सी) 60 मिमी

डी) 25 मिमी

5] किस फरो ओपनर में पैर की अंगुली और 'टी' आकार के स्क्रेपर्स होते हैं?

ए) प्रतिवर्ती फावड़ा

बी) डबल डिस्क प्रकार

ग) भाला बिंदु फावड़ा

घ) एकल डिस्क प्रकार

6] सीडिंग अटैचमेंट के साथ कल्टीवेटर में इस्तेमाल होने वाले इंप्लीमेंट की रेंज क्या है?

ए) 600-700 मिमी

बी) 400-500 मिमी

सी) 100-200 मिमी

डी) 900-1000 मिमी

7] एक बोने की मशीन में कौन सा बीज मीटरिंग उपकरण तंत्र फ़ीड तंत्र की कोशिकाओं से अतिरिक्त बीज निकालता है?

ए) एज ड्रॉप

बी) कट ऑफ

ग) नॉक आउट

डी) फ्लैट ड्रॉप

8] आलू बोने वाले (अर्ध-स्वचालित) की क्षेत्र क्षमता क्या है?

क) 0]15-0]25 हेक्टेयर/घंटा

बी) 0]10-0]14 हेक्टेयर/घंटा

ग) 0]40-0]55 हेक्टेयर/घंटा

घ) 0]09-0]14 हेक्टेयर/घंटा

9] किस प्लांटर के फ्लैंगेस पर छह सी-टाइप ब्लेड होते हैं?

a) आलू बोने की मशीन

बी) कम भूमि धान बीजक

ग) चावल ट्रांस प्लांटर

डी) शून्य तक ड्रिल

10] आलू बोने की मशीन (स्वचालित) की क्षमता क्या है?

क) 1000-4000 आलू/घंटा

बी) 200-900 आलू/घंटा

ग) 6000-14000 आलू/घंटा

घ) 16000-32000 आलू/घंटा

1] धान की रोपाई कितनी ऊंचाई पर करनी चाहिए?

ए) 5-10 सेमी

बी) 15-20 सेमी

ग) 45-50 सेमी

घ) 30-35 सेमी

औद्योगिक प्रशिक्षण संस्थान

मासिक टेस्ट -5, अंक- 20, तिथि:- ______________

(प्रत्येक प्रश्न दो अंक का होता है)

2] सामान्य से कम परिस्थितियों में धान की दूरी कितनी होनी चाहिए?

क) 15*10 सेमी2

ख) 24*12 सेमी2

ग) 34*24 सेमी2

घ) 8*12 सेमी2

71] कृषि कार्यान्वयन का नाम क्या है?

ए] उर्वरक आवेदक

बी] रोलर को चिह्नित करना

सी] स्वचालित बोने की मशीन

डी] गन्ना बोने की मशीन

72] उर्वरक एप्लिकेटर का आवश्यक कारक कौन सा है?

ए] आवेदन दर समायोज्य होनी चाहिए

बी] आवेदन की गति स्थिर होनी चाहिए

सी] उर्वरक आवेदक निर्माण में सरल होना चाहिए

डी] दोषपूर्ण भागों का आसान प्रतिस्थापन

73] फरो ओपनर भारी क्यों हो जाता है और बोने की मशीन में बीज और मिट्टी के साथ जमा हो जाता है?

A] उर्वरक की सही तरीके से पैमाइश नहीं की गई

बी] अनुचित बुवाई दर

सी] अनुचित बीज क्यारी तैयारी

डी] बीज का डिस प्लेसमेंट

74] वेजिटेबल ट्रांसप्लांटर के रिवर्स ऑपरेशन में क्या असर होगा?

A] फरो ओपनर बेंड होगा

बी] फरो ओपनर मिट्टी से भर जाएगा

C] फरो ओपनर टूट जाएगा

D] कुंड में बीज का विस्थापन

75] बुवाई दर की गणना के लिए किस सूत्र का प्रयोग किया जाता है?

ए] किलो बीज प्रति हेक्टेयर=(डी एक्स डब्ल्यू)/पी

बी] किलो बीज प्रति हेक्टेयर=(डी +डब्ल्यू)/पी

सी] किलो बीज प्रति हेक्टेयर=(डी - डब्ल्यू)/पी

डी] किलो बीज प्रति हेक्टेयर=(डब्ल्यू-डी)/पी

76] कौन सा रोपण मिट्टी को तेजी से सूखने देता है और लौकी में अतिरिक्त नमी आ जाती है?

ए] फ्लैट रोपण

बी] बिस्तर रोपण

सी] कुंड रोपण

डी] फफोले रोपण

77] रिज रोपण के लिए कौन सी फसल उपयुक्त है?

ए] मक्का

बी] कपास

सी] गन्ना

डी] आलू

78] मक्का की फसल के लिए रोपण की कौन सी विधि अपनाई गई?

ए] समतल भूमि रोपण

बी] रिज रोपण

सी] फरो रोपण

डी] लंबवत भूमि रोपण

79] गन्ना बोने की गति क्या है?

ए] 0]4 - 4 किमी/घंटा

बी] 0]8 - 5 किमी/घंटा

सी] 0]6 - 7 किमी/घंटा

डी] 0]5 - 5 किमी/घंटा

औद्योगिक प्रशिक्षण संस्थान

मासिक टेस्ट -6, अंक- 20, तिथि:- ______________

(प्रत्येक प्रश्न दो अंक का होता है)

80] चावल की फसलों की पंक्ति रिक्ति क्या है?

ए] 20 x 10 सेमी

बी] 25 x 15 सेमी

सी] 20 x 20 सेमी

डी] 25 x 20 सेमी

81] बोने की मशीन का नाम क्या है?

ए] मकई बोने की मशीन

बी] आलू बोने की मशीन

सी] धान बोने की मशीन

डी] वेजिटेबल ट्रांस प्लांटर

82] वेजिटेबल ट्रांस प्लांटर में झुके हुए प्रेस व्हील्स का क्या उद्देश्य है?

ए] ट्रांस प्लांटेशन की दूरी

बी] जड़ के चारों ओर दृढ़ मिट्टी

सी] पौधे की गहराई बनाए रखें

डी] रोपण गहराई बदलना

83] पावर टिलर माउंटेड राइस प्लांटिंग में पंक्तियों के बीच की दूरी कितनी होनी चाहिए?

ए] 10 सेमी

बी] 15 सेमी

सी] 20 सेमी

डी] 25 सेमी

84] मैनुअल धान ट्रांस रोपण में ट्रे मूवमेंट मैकेनिज्म कैसे प्राप्त हुआ?

ए] वर्म गियर और शाफ्ट द्वारा

बी] चेन और फ्री व्हील द्वारा

सी] पहिया और शाफ्ट द्वारा

डी] रैक और पिनियन द्वारा

85] बोने की मशीन का नाम क्या है?

ए] गन्ना बोने की मशीन

बी] कपास बोने की मशीन

सी] आलू बोने की मशीन

डी] दो पंक्ति बहु फसल बोने की मशीन

3] किस ज्यामिति का खरपतवारों पर प्रभाव पड़ता है?

ए) रोपण

बी) त्रिकोणीय

ग) परिपत्र

डी) स्क्वायर

4] प्रति पहाड़ी कितने पौधे रोपने के लिए अनुशंसित हैं?

क) 6-7

बी) 7-8

ग) 2-3

घ) 5-6

5] धान की रोपाई की गहराई कितनी होनी चाहिए?

ए) 2-3 सेमी

बी) 4-5 सेमी

सी) 8-9 सेमी

घ) 6-7 सेमी

6] चावल ट्रांस प्लांटर्स किस देश में विकसित किए गए थे?

ए) भारत

बी) पाकिस्तान

ग) चीन

डी) जापान

औद्योगिक प्रशिक्षण संस्थान

मासिक टेस्ट-7, अंक- 20, दिनांक:- ____________________

(प्रत्येक प्रश्न दो अंक का होता है)

7] राइस ट्रांस प्लांटर का कौन सा हिस्सा रोपे के लिए शेड की छत की तरह काम करता है?

क) अंकुर ट्रे

बी) मोटर

ग) रनिंग गियर

घ) गियर बॉक्स

8] बोने की मशीन की सटीकता __________ पर निर्भर नहीं करती है

ए) बीज प्लेट की गति

बी) हॉपर तल का आकार

ग) बीज के आकार की एकरूपता

घ) मौसम

1] ट्रैक्टर से खींचे गए सेमी-माउंटेड या माउंटेड टाइप मावर्स को कौन सा हिस्सा संचालित करता है?

ए) पीटीओ शाफ्ट

बी) कटर

ग) पिटमैन

d) ग्रास बोर्ड

2] घास काटने की मशीन की ड्राइविंग इकाई में किस क्लच का उपयोग किया जाता है?

क) द्रव युग्मन

बी) डॉग क्लच

ग) घर्षण क्लच

घ) सिंगल प्लेट

3] प्रत्येक चाकू क्लिप में क्या अंतर है?

क) 5-15 सेमी

बी) 40-50 सेमी

ग) 35-45 सेमी

घ) 20-30 सेमी

4] जब चाकू का खंड अपने गार्ड के केंद्र में हर स्ट्रोक पर रुकता है, तो इसे किस नाम से जाना जाता है?

क) पुन: तटबंध

बी) सुदृढीकरण

ग) पंजीकरण

घ) बचाव

5] फसल के लिए आवश्यक कुल समय की गणना करें 2] 4 किमी/घंटा की गति से संचालित होने वाले 2 मीटर घास काटने की मशीन के माध्यम से 5 हेक्टेयर घास] (क्षेत्र दक्षता = 80%)

ए) 2] 5 घंटे

बी) 1]2 घंटे

सी) 3] 9 बजे

घ) 7 घंटे

6] 4] 8 किमी/घंटा की गति से काम कर रहे 1]2 मीटर घास काटने वाले को खींचने के लिए किस शक्ति की आवश्यकता है, यदि घास काटने की मशीन की लंबाई 50 किलो प्रति मीटर है और यांत्रिक दक्षता 80% है?

ए) 1 किलोवाट

बी) 0]98 किलोवाट

सी) 0]23 किलोवाट

डी) 2 किलोवाट

7] 4 मीटर कटर बार के साथ कंबाइन द्वारा 10 घंटे के प्रति दिन कितने हेक्टेयर काटे जा सकते हैं, जब यह 4 k/hr की गति से चल रहा हो?

ए) 16ha

बी) 20 हेक्टेयर

सी) 28 हेक्टेयर

घ) 8 हेक्टेयर

8] एक घास काटने की मशीन में 60 सेमी व्यास का ड्राइव व्हील होता है] जब ट्रैक्टर द्वारा चलाया जाता है, तो घास काटने की मशीन की क्रैंक 600 रेव/मिनट बनाती है, 2] 3 किमी/घंटा की गति से चलती है] यदि क्रैंक व्हील के बीच गति अनुपात और लैंड व्हील को 27:1 में बदल दिया जाता है, क्रैंक की समान गति बनाए रखने के लिए घास काटने की मशीन की गति में वृद्धि की गणना करें]

ए) 0]19 किमी/घंटा

बी) 0]67 किमी/घंटा

ग) 0]11 किमी/घंटा

डी) 0]21 किमी/घंटा

औद्योगिक प्रशिक्षण संस्थान

मासिक टेस्ट -8, अंक- 20, तिथि:- ______________

(प्रत्येक प्रश्न दो अंक का होता है)

9] घास काटने की मशीन के किस भाग का उपयोग जमीन के ऊपर कट की ऊंचाई को नियंत्रित करने के लिए किया जाता है?

ए) लेजर प्लेट

बी) प्लेट पहने हुए

ग) जूता

d) ग्रास बोर्ड

86] बोने की मशीन का प्रकार क्या है?

ए] आलू बोने की मशीन

बी] अर्ध स्वचालित बोने की मशीन

सी] गन्ना बोने की मशीन

डी] कपास बोने की मशीन

87] सेमी ऑटोमेटिक प्लांटर में बीज की दूरी कैसे प्राप्त की जाती है?

ए] रनिंग व्हील को बदलकर

बी] फ़ीड रिंग को बदलकर

C] फ़रो ओपनर का समायोजन करके

D] कंवायर बेल्ट की दिशा बदलने से

88] बोने की मशीन का नाम क्या है?

ए] दो पंक्ति बहु फसल बोने की मशीन

बी] तीन पंक्ति बहु फसल बोने की मशीन

सी] स्वचालित बोने की मशीन

डी] कपास बोने की मशीन

89] आलू बोने वाले के पिकर व्हील के साथ कितने पिकर आर्म जुड़े होते हैं?

ए] 12 नंबर

बी] 10 नंबर

सी] 8 संख्या

डी] 6 संख्या

90] बोने की मशीन किस प्रकार की होती है?

ए] आलू बोने की मशीन

बी] तीन पंक्ति बहु फसल बोने की मशीन

सी] गन्ना बोने की मशीन

डी] दो पंक्ति बहुफसल बोने की मशीन

91] हैप्पी सीडर की मशीन में अत्यधिक कंपन का कारण क्या है?

ए] टूटी हुई फलीदार ब्लेड

बी] पीटीओ शाफ्ट आकर्षक नहीं है

सी] बीज/उर्वरक बॉक्स खाली

डी] उर्वरक फ्लुटेड रोलर अवरुद्ध है

92] हैप्पी सीडर में दीमक के हमले से बचाने के लिए बीज के साथ कितना क्लोरोपायरोफॉस मिलाया जाना चाहिए?

ए] 2 मिली/किलोग्राम बीज

बी] 3 मिली/किलोग्राम बीज

सी] 4 मिली/किलोग्राम बीज

डी] 5 मिली/किलोग्राम बीज

93] हैप्पी सीडर का कौन सा भाग बीज को वांछित गहराई पर रखने के लिए मिट्टी में फरो ओपनर्स के सम्मिलन को नियंत्रित करता है?

ए] ड्राइव व्हील

बी] दो गहराई नियंत्रण पहियों

सी] पी]टी]ओ शाफ्ट

डी] फ्लेल शाफ्ट

94] हैप्पी सीडर में खाद का डिब्बा कहाँ रखा जाता है?

ए] फ्रेम के सामने की तरफ

बी] फ्रेम के पीछे की ओर

सी] फ्लेल शाफ्ट के पास

डी] फ्रेम के ऊपर

औद्योगिक प्रशिक्षण संस्थान

मासिक टेस्ट-9, अंक- 20, दिनांक:- ________________

(प्रत्येक प्रश्न दो अंक का होता है)

95] हैप्पी सीडर में फ़रो ओपनर के फ़्लेल ब्लेड्स का उद्देश्य क्या है?

ए] फरो ओपनर को साफ करें

बी] टाइन को तेज करें

सी] बीज को समान रूप से वितरित करें

डी] उर्वरक समान रूप से वितरित करें

96] हैप्पी सीडर में फरो ओपनर का क्या कार्य है?

ए] बीज और उर्वरक को ड्रिल और रखें

बी] कटे हुए चावल के भूसे को मिलाएं

सी] उर्वरक आवेदन को नियंत्रित करें

डी] बीज को मशीन में स्टोर करें

97] कौन सा कृषि उपकरण स्टबल मल्चिंग और सीड ड्रिलिंग को एक मशीन में मिलाता है?

ए] कल्टीवेटर

बी] हैप्पी सीडर

सी] हैंड सीड ड्रिल

डी] रोटावेटर

98] फसलों के लिए ड्रिल में किस प्रकार के बीज और उर्वरक उपकरण का उपयोग किया जाता है, जहां किसी न किसी यांत्रिक संचालन के कारण बीज आसानी से क्षतिग्रस्त हो जाते हैं?

ए] कप प्रकार

बी] कुदाल प्रकार

सी] स्टब रनर टाइप

डी] पूर्ण धावक प्रकार

99] मीटरिंग डिवाइस में विभिन्न आकार के बीजों के लिए क्या प्रावधान किया गया है?

ए] एडजस्टेबल स्प्रिंग लोडेड बैफल प्लेट

बी] फ्लुटेड रोलर

सी] अनुदैर्ध्य खांचे

डी] स्क्वायर शाफ्ट

1] 4 किमी / घंटा की गति से संचालित 2 मिमी घास काटने की मशीन के माध्यम से 4 हेक्टेयर घास की कटाई के लिए आवश्यक कुल समय की गणना करें] घास काटने की मशीन की क्षेत्र दक्षता 75% मान लें?

क) 4]67 घंटे

बी) 5]67 घंटे

ग) 6]67 घंटा

घ) 7]67 घंटे

2] 5 किमी/मी की गति से काम करने वाले 1]2 मीटर घास काटने की मशीन को खींचने के लिए कितनी अश्वशक्ति की आवश्यकता होगी, इसकी यांत्रिक दक्षता 85% है?

ए) 1]56

बी) 2]56

ग) 3]56

घ) 4]56

3] 4] 5 किमी/घंटा की गति से और 4 मीटर कटर बार से संचालित होने वाले घास काटने वाले द्वारा प्रतिदिन 15 घंटे में कितनी हेक्टेयर घास काटी जा सकती है]

ए) 20

बी) 22

सी) 27

घ) 16

4] एक घास काटने की मशीन में 60 सेमी व्यास का पहिया होता है] घास काटने की मशीन का क्रैंक 550 आरपीएम बनाता है, जब इसे ट्रैक्टर द्वारा 2 किमी / घंटा की गति से चलाया जाता है] यदि क्रैंक व्हील और लैंड व्हील के बीच गति अनुपात को 27 में बदल दिया जाता है :1, क्रैंक की समान गति बनाए रखने के लिए घास काटने की मशीन की गति में वृद्धि की गणना करें]

ए) 0]20 किमी/घंटा

बी) 0]304 किमी/घंटा

ग) 1]402 किमी/घंटा

घ) 1] 36 किमी/घं

5] एक 2 मीटर घास काटने की मशीन 3] 5 किमी/घंटा की गति से चल रही है, जिसकी कुल दक्षता 75% है] इसके द्वारा कवर किए गए क्षेत्र को हेक्टेयर/घंटा में परिकलित करें]

ए) 0]525

बी) 0]625

सी) 0]725

घ) 0]825

औद्योगिक प्रशिक्षण संस्थान

मासिक टेस्ट-10, अंक- 20, दिनांक:- ________________

(प्रत्येक प्रश्न दो अंक का होता है)

6] कपास बीनने वाले का प्रत्येक स्पिंडल एक चेन बेल्ट व्यवस्था के लिए पिकिंग ज़ोन में कितने चक्कर लगाएगा जिसमें स्पिंडल की गति 1400 आरपीएम है और आगे की यात्रा के 100 सेमी के दौरान पिकिंग ज़ोन में रहती है]

ए) 50

बी) 21

ग) 45

घ) 11

7] एक डिस्क प्रकार घास काटने की मशीन पीटीओ द्वारा 6 डिस्क के साथ 0] 4 मीटर/डिस्क के शाफ्ट के साथ संचालित होती है] काटने के लिए आवश्यक विशिष्ट ऊर्जा 2] 1 केजे / एम 2 है और हवा में आने वाले स्टबल और गियर ट्रेन घर्षण के कारण विशिष्ट बिजली हानि होती है 2 kw/m काटने की चौड़ाई है] यदि ट्रैक्टर के साथ घास काटने की मशीन को 2 KN की प्रोपेलिंग फोर्स की आवश्यकता होती है, तो Kw में 3 किमी/घंटा की गति से आगे बढ़ने के लिए कुल बिजली की आवश्यकता होती है ____

क) 10]67

बी) 20]67

ग) 30]67

घ) 40]67

8] सबसे आम घास काटने की मशीन, निम्नलिखित में से ____________ है

ए) पारस्परिक घास काटने की मशीन

बी) लॉन घास काटने की मशीन

ग) बेलनाकार घास काटने की मशीन

घ) क्षैतिज घास काटने की मशीन

9] एक गैंग मॉवर ____________ का समूह है

ए) 2 या अधिक बेलनाकार घास काटने की मशीन

बी) 5 घास काटने की मशीन

ग) 2 घास काटने की मशीन

घ) 10 घास काटने की मशीन

10] फ्लेल मॉवर में, कटिंग सेक्शन में ____________ होता है

ए) कटर बार

बी) झूलते चाकू

ग) स्थिर चाकू

d) केवल पारस्परिक उंगलियां

11] घास काटने की मशीन के कटर बार में, चाकू का सिर ____________ से जुड़ा होता है

ए) चाकू वापस

बी) कटर अंत

सी) अत्याधुनिक का प्रारंभिक बिंदु

d) पारस्परिक उंगलियां

12] घास काटने की मशीन में, घास बोर्ड ____________ पर प्रदान किया जाता है

क) कटर अंत

बी) चाकू अंत

सी) चाकू वापस

d) पारस्परिक उंगलियां

13] घास काटने की मशीन के कटर बार में, चाकू के वर्गों को ____________ में फिर से लगाया जाता है

ए) चाकू वापस

बी) पारस्परिक उंगलियां

ग) स्थिर बार

d) बेलनाकार ड्रम

14] घास काटने की मशीन में, पिटमैन गति को ____________ तक पहुंचाता है

ए) चाकू सिर

बी) चाकू मध्य

सी) चाकू वापस

d) चाकू का अंत

15] प्रथम लॉन घास काटने की मशीन का आविष्कार किसने किया?

ए) अल्बर्ट आइंस्टीन

b) बज़ एल्ड्रिन

c) एडविन बडिंग

d) यूरी गगारिन

औद्योगिक प्रशिक्षण संस्थान

मासिक टेस्ट-11, अंक- 20, दिनांक:- ____________________

(प्रत्येक प्रश्न दो अंक का होता है)

100] बीज और उर्वरक मीटरिंग उपकरण का प्रकार क्या है?

ए] फ्लुटेड फ़ीड प्रकार

बी] कप प्रकार

सी] इंटरस डबल रम टाइप

डी] सब रूमर टाइप

101] सीड ड्रिल का प्रकार क्या है?

ए] रबर बेल्ट सटीक सीडर

बी] हैंड सीड ड्रिल

सी] शून्य तक ड्रिल बीज सह उर्वरक ड्रिल

डी] वायवीय बीज ड्रिल

102] बीज सह उर्वरक ड्रिल में बोए गए बीज की मात्रा को कैसे बदला जाता है?

ए] रोलर को बग़ल में स्थानांतरित करके

B] रोलर को ऊपर की ओर खिसकाकर

C] रोलर को नीचे की ओर खिसकाकर

D] रोलर को उल्टा करके

103] सीड ड्रिल का प्रकार क्या है?

ए] ड्रिल तक पट्टी

बी] रबर बेल्ट सटीक सीडर

सी] केन्द्रापसारक बीज ड्रिल

डी] हैंड सीड ड्रिल

104] पहले से तैयार खेत में गेहूं और अन्य अनाज की फसलों की बुवाई के लिए किस प्रकार की स्पीड ड्रिल का उपयोग किया जाता है?

ए] रबर बेल्ट सटीक सीडर

बी] ड्रिल तक पट्टी

सी] शून्य तक ड्रिल बीज सह उर्वरक ड्रिल

डी] केन्द्रापसारक बीज ड्रिल

105] सेल व्हील प्रिसिजन सीडर में रिपेलर व्हील का क्या कार्य है?

A] अतिप्रवाही बीजों को हटाता है

बी] बीजों का एक समान वितरण सुनिश्चित करें

सी] सुनिश्चित करें कि बीज नीचे गिरें

डी] सटीक ड्रिलिंग प्रदान करें

106] सीड ड्रिल का नाम क्या है?

ए] केन्द्रापसारक बीज ड्रिल

बी] हैंड सीड ड्रिल

सी] वायवीय बीज ड्रिल

डी] ड्रिल तक पट्टी

107] सीड ड्रिल का प्रकार क्या है?

ए] हैंड सीड ड्रिल

बी] केन्द्रापसारक बीज ड्रिल

सी] वायवीय बीज ड्रिल

डी] ड्रिल तक पट्टी

108] मैन्युअल रूप से संचालित सीड ड्रिल कौन सी है?

ए] केन्द्रापसारक बीज ड्रिल

बी] वायवीय बीज ड्रिल

सी] हैंड सीड ड्रिल

डी] सेल व्हील प्रिसिजन सीडर

109] सीड ड्रिल का क्या कार्य है?

ए] ट्रांस रोपण के लिए कई छेद खोदना

बी] बिना चोट के समान रूप से बीज गिराता है

सी] खेतों की ग्रेडिंग और समतलन

डी] क्लॉड्स को तोड़ना

औद्योगिक प्रशिक्षण संस्थान

मासिक टेस्ट-12, अंक- 20, दिनांक:- ____________________

(प्रत्येक प्रश्न दो अंक का होता है)

1] कौन से स्प्रेयर आमतौर पर आंतरिक दहन इंजन के साथ संचालित होते हैं?

ए) पावर स्प्रेयर

बी) हाइड्रोलिक स्प्रेयर

ग) वाणिज्यिक स्प्रेयर

घ) फुट स्प्रेयर

2] पावर स्प्रेयर किस दबाव पर संचालित होते हैं?

क) 68-103 किग्रा/सेमी2

ख) 20-55 किग्रा/सेमी2

ग) 106-141 किग्रा/सेमी2

घ) 120-155 किग्रा/सेमी2

3] एक पावर स्प्रेयर में एक आंदोलनकारी की घूर्णन गति क्या है?

ए) 400-500 रेव / मिनट

बी) 900-1000 रेव / मिनट

ग) 600-700 रेव/मिनट

घ) 100-200 रेव/मिनट

4] किस नोजल में संकीर्ण अण्डाकार स्प्रे पैटर्न बनता है?

ए) खोखले शंकु नोजल

बी) ठोस शंकु नोजल

सी) फैन टाइप नोजल

d) नोजल बॉस

5] पंखे की नोक का परिचालन दबाव, जो अवांछनीय है, ______ है

ए) 1]2 किग्रा/सेमी2

बी) 1]5 किग्रा/सेमी2

ग) 9 किग्रा/सेमी2

घ) 5]9 किग्रा/सेमी2

6] कौन सा नोजल पूरे क्षेत्र को छोटी रेंज में कवर करता है?

क) ठोस शंकु नोक

बी) फैन नोजल

ग) खोखले शंकु

डी) नोजल टिप

7] जंग को रोकने के लिए पावर स्प्रेयर के किस भाग का उपयोग किया जाता है?

ए) आंदोलनकारी

बी) छलनी

सी) प्राइम मूवर

घ) टैंक

8] तरल को वांछित स्प्रे में तोड़ने और पौधों तक पहुंचाने के लिए पावर स्प्रेयर के किस हिस्से का उपयोग किया जाता है?

अप्रत्याशित तेजी

बी) नोजल

सी) छलनी

घ) दबाव नापने का यंत्र

9] अल्ट्रा लो वॉल्यूम स्प्रेयर में मोटर से जुड़ी स्पिनिंग डिस्क की दर क्या है?

क) 4000-9000

बी) 1000-3000

ग) 750-1000

घ) 10000-15000

10] दुनिया के पहले स्व-चालित स्प्रेयर का आविष्कार किसने किया?

ए) रे हैगी

b) एलोन मस्क

c) जॉन डीरे
d) राहेल कार्सन

www.ingramcontent.com/pod-product-compliance
Ingram Content Group UK Ltd.
Pitfield, Milton Keynes, MK11 3LW, UK
UKHW021919190726
13853UKWH00002B/755

9 798888 498972